Historia de Camboya

Una guía fascinante de la historia de Camboya, del Imperio jemer, el asedio de Angkor, la guerra camboyano-vietnamita y la guerra civil camboyana

© Copyright 2021

Todos los derechos reservados. Ninguna parte de este libro puede ser reproducida de ninguna forma sin el permiso escrito del autor. Los revisores pueden citar breves pasajes en las reseñas.

Descargo de responsabilidad: Ninguna parte de esta publicación puede ser reproducida o transmitida de ninguna forma o por ningún medio, mecánico o electrónico, incluyendo fotocopias o grabaciones, o por ningún sistema de almacenamiento y recuperación de información, o transmitida por correo electrónico sin permiso escrito del editor.

Si bien se ha hecho todo lo posible por verificar la información proporcionada en esta publicación, ni el autor ni el editor asumen responsabilidad alguna por los errores, omisiones o interpretaciones contrarias al tema aquí tratado.

Este libro es solo para fines de entretenimiento. Las opiniones expresadas son únicamente las del autor y no deben tomarse como instrucciones u órdenes de expertos. El lector es responsable de sus propias acciones.

La adhesión a todas las leyes y regulaciones aplicables, incluyendo las leyes internacionales, federales, estatales y locales que rigen la concesión de licencias profesionales, las prácticas comerciales, la publicidad y todos los demás aspectos de la realización de negocios en los EE. UU., Canadá, Reino Unido o cualquier otra jurisdicción es responsabilidad exclusiva del comprador o del lector.

Ni el autor ni el editor asumen responsabilidad alguna en nombre del comprador o lector de estos materiales. Cualquier desaire percibido de cualquier individuo u organización es puramente involuntario.

Índice

INTRODUCCIÓN 1
CAPÍTULO 1 - LA HISTORIA TEMPRANA DE CAMBOYA..........................3
CAPÍTULO 2 - EL IMPERIO JEMER, 802-1150 20
CAPÍTULO 3 - EL IMPERIO JEMER Y EL POSTERIOR REINO JEMER, 1150-1600 31
CAPÍTULO 4 - PERÍODO COLONIAL..47
CAPÍTULO 5 - GUERRA Y POLÍTICA 58
CAPÍTULO 6 - LA GUERRA CIVIL DE CAMBOYA 69
CAPÍTULO 7 - KAMPUCHEA DEMOCRÁTICA................................80
CAPÍTULO 8 - CRISIS HUMANITARIA..95
CAPÍTULO 9 - LA CAMBOYA DEL SIGLO XXI 106
CONCLUSIÓN..120
VEA MÁS LIBROS ESCRITOS POR CAPTIVATING HISTORY 122
BIBLIOGRAFÍA..123

Introducción

Camboya era, y sigue siendo, un país en crisis. En su apogeo, tenía una economía próspera, pero hoy en día, es tenue. La población antes estaba bien alimentada, a pesar de tener que lidiar con un ciclo de lluvias torrenciales durante la estación húmeda y periodos de sequía. Sin embargo, hoy el país depende de la generosidad de los donantes internacionales y de la ayuda de las Naciones Unidas. ¿Cómo llegó a suceder esto?

Camboya, o Kampuchea como a veces se la llamó en la historia, fue un frecuente campo de batalla para otros países además del suyo. Sin embargo, tenía mucho que llamar propio. Camboya tenía tierras de cultivo cuidadosamente irrigadas y sistemas de drenaje, junto con sistemas para proporcionar agua durante los períodos de sequía. Ya en el siglo XII, contaba con hospitales que trataban a su población con medicinas y remedios naturales. Tenían un vigoroso comercio marítimo, canales e incluso ciudades flotantes, desde donde vendían sus productos a todo el país. Tenían un fuerte imperio al que llamar suyo: el Imperio jemer. Se recuerda como una de las mayores sociedades de la península indochina.

Desgraciadamente, la mayor parte del folclore de antaño ha sido prácticamente olvidado, y sus leyendas se han desvanecido en el polvo de la historia. Incluso los nombres de algunos de los venerados reyes de Camboya han desaparecido en el anonimato. Tal vez no ayude el hecho de que la historia temprana de Camboya no fue registrada por los propios camboyanos, sino que fue relatada de segunda mano por los comerciantes que viajaban desde China. El historiador Claude Jacques (1700-1750) dijo que «se han cometido errores históricos muy básicos» en relación con la historia de Camboya porque su historia anterior al siglo XII se basaba en inscripciones chinas. Cuando se encontraron nuevas inscripciones, los investigadores prefirieron ajustar los hechos recién descubiertos al esquema inicial en lugar de poner en duda los informes chinos.

Pero, ¿por qué los camboyanos no registraron su propia historia de forma más coherente? Se trataba de un pueblo que luchaba con las estaciones, que fluctuaban desde los monzones hasta los períodos muy secos. Además, necesitaban una buena gestión y una sociedad ordenada. Lo tuvieron durante un tiempo con algunos de sus primeros reyes. Pero para agravar las cosas, parece que estaban "rodeados de asesinos", ya que otros líderes y países vecinos tenían sus propios planes ocultos.

Victimizados durante años por vecinos antagónicos, los camboyanos pidieron ayuda a Francia. Luego fueron traicionados por sus benéficos protectores franceses, que se volvieron tiranos. Pero, ¿por qué y cómo ocurrió esto?

Corresponde al lector determinar si Camboya era un país empeñado en conseguir poder y privilegios para sí mismo o una civilización suicida empeñada en su propia autodestrucción con la esperanza de alcanzar una utopía de su propia cosecha.

Capítulo 1 - La historia temprana de Camboya

Prehistoria e historia temprana

Sitio arqueológico de Laang Spean

Los arqueólogos de la Misión Prehistórica Franco-Camboyana encontraron herramientas de piedra hoabinhianas en una cueva del noroeste de Camboya. Las pruebas de datación por carbono estiman que se remontan a 6000 o 7000 años antes de Cristo. El hoabinhiano se refiere a un periodo geológico en el que los glaciares empezaron a retroceder, lo que permitió la habitación humana. Estos artefactos del Hoabinhian incluyen herramientas "en escamas", con piedras que han sido astilladas o raspadas para producir puntas. También se encontró cerámica prehistórica, que data del año 4200 a. C.

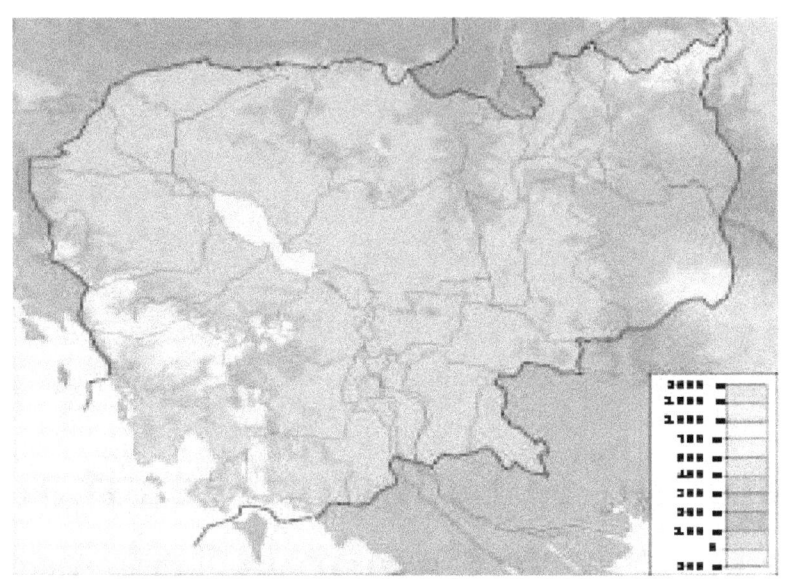

Zona del yacimiento arqueológico de Laang Spean (amarillo)
https://en.wikipedia.org/wiki/Laang_Spean#/media/File:Cambodia_relief_map.svg

Sitio Samrong Sen

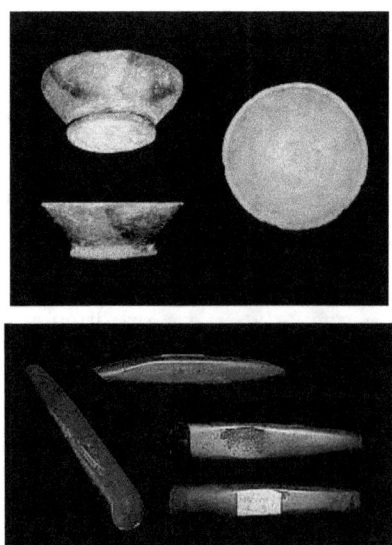

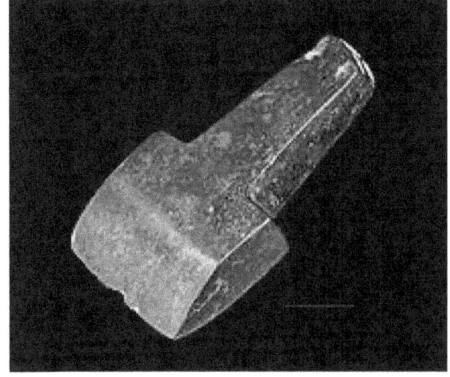

Implementos de piedra y cerámica en Samrong Sen

https://en.wikipedia.org/wiki/Samrong_Sen#/media/
File:Hache_à_épaulement_MHNT_

https://upload.wikimedia.org/wikipedia/commons/e/e9/Ciseau_poli_
MHNT_PRE_2004_0_132_Moura_Somrong_Sen.jpg

https://upload.wikimedia.org/wikipedia/commons/4/46/Hache_à_épaulement_
MHNT_PRE_2004_0_169_Moura_Somrong_Sen.jpg
RE_2004_0_135_Moura_Somrong_Sen.jpg

https://upload.wikimedia.org/wikipedia/commons/e/e7/
Samrong_Sen_Vase_MHNT.PRE.2013.0.579.jpg

En la base del Tonle Sap, un enorme lago en el oeste de Camboya, fluye el río Stueng Chinit, donde los aldeanos locales y del protectorado francés de Camboya a mediados del siglo XIX han realizado varias excavaciones. En una excavación del siglo XX se encontraron utensilios prehistóricos que datan de entre el 3400 a. C. y el 500 d. C. En dos de las excavaciones se encontraron artefactos como brazaletes, cuentas, cerámica sin decorar y recipientes para beber. También se descubrieron cráneos y huesos humanos, que se han datado en el año 1500 a. C.

Sitio Phum Snay

El yacimiento arqueológico de Phum Snay se descubrió en el noroeste de Camboya y fue excavado por la Universidad Nacional de Australia. Se cree que el yacimiento estuvo activo por primera vez en el año 500 a. C. y cayó en desuso alrededor del 500 d. C. Los investigadores de la universidad descubrieron restos humanos en varios enterramientos, junto con artefactos de bronce y piedras semipreciosas.

Los restos óseos muestran signos de lesiones craneales causadas por un traumatismo por objeto contundente, lo que sugiere que este yacimiento puede haber albergado varios pueblos en guerra. Algunos cuerpos estaban simplemente extendidos y colocados en fosas, mientras que otros estaban enterrados con vasijas de cerámica y objetos decorativos, como anillos y campanas. También se encontraron huesos de animales enterrados en la tierra, y los historiadores sugieren que esto puede implicar que los sacrificios de animales acompañaban a los ritos de enterramiento. En las tumbas se encontraron herramientas de hierro y bronce, además de armas, como dagas, espadas, puntas de lanza y otras puntas de proyectil.

También había pruebas de caries dental en los restos humanos. Esto da a los investigadores una idea de los hábitos alimenticios de estas primeras personas. Es interesante observar que había una diferencia entre los hombres y las mujeres, ya que los restos femeninos solían tener más caries. Los investigadores han teorizado que los hombres tendían a comer más alimentos basados en proteínas, mientras que las mujeres comían más alimentos "cariogénicos", es decir, más almidón y carbohidratos. Se ha sugerido que la razón de esto era el hecho de que las mujeres pasaban más tiempo trabajando en los campos cerca de los cultivos vegetales mientras los hombres salían a cazar.

Los estudios de ADN de los restos humanos hallados en Phum Snay se asemejan a los de los humanos actuales no solo de Camboya, sino también de Tailandia, Vietnam y Laos. Según la revista *Anthropological Science*, los exámenes de los restos óseos descubiertos en Phum Snay revelan que los rasgos dentales de los cráneos eran afines a los de los ancestros austronesios, pero algunos muestran otras evidencias de orígenes de poblaciones más al norte, incluso hasta el Tíbet.

Sitio de Oc Eo

Este sitio, situado actualmente en Vietnam, formó parte en su día de Camboya. En él, los arqueólogos desenterraron herramientas, joyas, moldes para fabricar joyas, monedas y estatuas religiosas. Las monedas parecen ser imitaciones del tipo utilizado por Roma durante el siglo I, por lo que se especula que los antiguos romanos atravesaron la zona de camino a China, donde pretendían abrir relaciones diplomáticas.

Los expertos indican que Oc Eo era también una zona cultural y económica esencial para el desarrollo de los primeros funán (Funán era un reino primitivo que abarcaba partes de Camboya, Tailandia y Vietnam). Se dice que allí se reunían comerciantes y artesanos que intercambiaban productos y enseñaban a los lugareños diversas habilidades.

Grupos étnicos y lingüísticos en la antigua Camboya

Uno de los factores utilizados para determinar la identidad de las culturas antiguas o indígenas de una región es la lengua. El sánscrito era la lengua clásica de los países del sudeste asiático. Se originó en el subcontinente indio, el corazón del hinduismo y el budismo. El sánscrito era en su mayor parte una lengua hablada en aquella época, pero se convirtió en una lengua escrita en el primer milenio antes de Cristo, al menos según las pruebas que se conservan. Otras familias lingüísticas del sudeste asiático en la antigüedad eran el indoiranio y el indoario. El indoario es un subgrupo de la familia lingüística indoeuropea, identificado específicamente con la India, aunque se extendió por todo el sur de Asia. El pali, una lengua indoaria, también se hablaba en Camboya, pero se utilizaba principalmente con fines religiosos.

El principal experto occidental en la historia de Camboya, David Chandler, dijo que «las inscripciones en sánscrito, en verso, alaban las acciones de los reyes y la élite, como la construcción de templos hindúes». El sánscrito era la lengua y el texto de las clases altas. Marcaba la diferencia entre "los que cultivaban arroz" y los que no. Cuando una persona dominaba el sánscrito, se decía que era "rescatada del barro", es decir, que no estaba entre los que trabajaban en los arrozales. Era posible subir la escalera y alcanzar un estatus más elitista, pero eso no ocurría a menudo.

El reino de Funán

La primera entidad política conocida de Camboya fue el reino de Funán. Los historiadores estiman que Funán existió desde el siglo I de nuestra era hasta el siglo VI. El término "Funán" significa "Reino de la Montaña" en jemer. El nombre fue dado a este estado, que cubría el extremo sur de la península de Indochina, por dos cartógrafos chinos itinerantes, que también eran comerciantes y diplomáticos. Funán fue descrito como un estado "indianizado", es decir, influenciado por la cultura india. Sin embargo, era más un conjunto de comunidades sueltas que un estado propiamente dicho. Esas comunidades estaban unidas por la religión y la economía, y dependían del arroz como su principal producto. No se sabe cómo se llamaban a sí mismos o a su región los que vivían allí, por lo que los historiadores utilizan el término "Funán" para referirse a ellos.

Los lingüistas han afirmado que la lengua de las personas que se asentaron en Funán hablaba, en su mayoría, mon-khmer (o mon jermer). Se trata de una lengua austroasiática, que también es la lengua autóctona de Tailandia (llamada reino de Siam en sus inicios) y de Myanmar. Dado que la mayoría de la población hablaba mon jemer, los expertos creen que la mayor parte del pueblo era jemer, aunque afirman que es posible que también hubiera pueblos de habla austronesia. En la prehistoria, los austronesios eran un grupo marinero que poblaba el sudeste asiático marítimo, incluidos los actuales Taiwán y Oceanía. Los austronesios inventaron muy pronto las embarcaciones de vela, como los catamaranes.

Fundamentos mitológicos

Los primeros habitantes del país creían que el sol y la luna eran deidades, al igual que otras culturas del mundo. Funán cuenta con una antigua leyenda sobre un extranjero llamado Huntián. Según la historia, Huntián llegó a la tierra de Funán y deseó una princesa dragón. El término "princesa dragón" procede de las enseñanzas de una de las narraciones védicas en sánscrito, el *Rig Veda*. Según la leyenda, Huntián disparó una flecha mágica al barco de la princesa, lo que supuestamente la asustó para que se casara con él. A cambio, el padre de la muchacha "amplió las posesiones de su yerno bebiendo el agua que cubría el país, dejando la tierra al descubierto". Este mito pasó a Camboya desde la India.

Algunos académicos creen que Huntián es la misma figura que Kaundinya, cuyos relatos aparecen en inscripciones sánscritas. Sin embargo, existen disputas entre los expertos sobre esa asignación, ya que hay una diferencia en las sílabas. Huntián también se conoce con el nombre de Preah Thong en la cultura jemer, la lengua vernácula de los camboyanos.

Según el libro chino *Libro de Liang*, «los habitantes del reino de Funán tenían originalmente la costumbre de ir desnudos, tatuarse el cuerpo y dejarse el pelo suelto». La narración continuaba diciendo que la gobernante de Funán era una mujer llamada Liuye. Quizá sea más conocida como la reina Soma, la hija del rey de los nagas, pero también se la conocía como Neang Neak en jemer. Los "nagas" son seres serpientes en la mitología budista. Un brahmán hindú, o sacerdote de los dioses, llamado Huntián (Kaundinya) la sorprendió con su llegada no anunciada. Según la historia, «Huntián enseñó a Liuye a hacer un agujero en un trozo de tela y a meter la cabeza por él, usándolo como ropa para cubrir su cuerpo». Otra versión cuenta que Huntián disparó una flecha al barco de Liuye cuando esta intentó saquear su nave. En cualquier caso, ella se entregó a él y se convirtieron en marido y mujer, la primera pareja real de Funán.

En el siglo I, la reina Soma y el rey Kaundinya reinaron en Funán. Con el tiempo, la tierra se segmentó en muchos reinos, uno de los cuales se convirtió en la actual Camboya.

La cultura y el estilo de vida de Funán

El reino de Funán surgió en el delta del Mekong, en el extremo sur de la península de Indochina, abarcando toda la actual Camboya, segmentos de Tailandia al norte y Vietnam al este. Por lo tanto, Funán abarcaba la línea costera de importancia estratégica a lo largo del mar de China Meridional al este y la bahía de Tailandia y el golfo de Bengala al oeste.

Un templo en Funán

https://en.wikipedia.org/wiki/Funan#/media/File:Wat_asram_moha_russei.jpg

Se han promulgado dos teorías sobre la ubicación de la capital de Funán. Puede haber estado cerca de la actual ciudad de Banam o posiblemente en una ciudad conocida como Vyadhapura ("Ciudad del Cazador"). Funán estaba dividida en ciudades-estado formadas por aldeas residenciales. Los habitantes cultivaban arroz y tubérculos, y el riego y el drenaje de las terrazas húmedas se hicieron más sistemáticos con el paso del tiempo.

La vivienda del rey tenía "terrazas dobles", con empalizadas alrededor en lugar de muros. El techo era de algas. Los elefantes eran el principal medio de transporte de los reyes. A medida que los pueblos se fueron desarrollando, empezaron a guerrear entre ellos. Tras estas incursiones, a menudo se tomaban esclavos.

Los señores de estos pueblos sentían que necesitaban la protección divina de Shiva, la deidad del renacimiento. Así, el pueblo creía en la reencarnación. Tenían brahmanes ascetas que recorrían las aldeas, enseñando a la gente la devoción a Shiva e impartiendo las nociones del karma. El karma se basa en el comportamiento de una persona; una persona que realiza actos buenos tiene un buen futuro, mientras que los que no lo hacen sufren las consecuencias de sus acciones negativas. El objetivo del hinduismo es la liberación del sufrimiento físico y mental y el fin de los repetidos ciclos de renacimiento en el estado humano.

El sánscrito era la lengua real de Funán, mientras que el monkhmer era la lengua que hablaba la mayoría del pueblo. Los impuestos se pagaban en oro, plata, madera perfumada o perlas. Los brahmanes eran cultos y tenían grandes colecciones de libros. Tanto el hinduismo como, en cierta medida, el budismo prosperaban en Funán. El antiguo *Libro de Liang*, recopilado por Yao Sillian, indica que el rey Rudravarman (siglo VI d. C.) solicitaba copias de los textos a los chinos cuando los comerciantes los visitaban, lo que sirve como prueba del interés de Funán por el budismo.

Funán dependía del comercio a través de la Ruta Marítima de la Seda y alcanzó su máximo esplendor durante el siglo III de la era cristiana con el rey Fan Shiman. Bajo su mandato, Funán contaba con una gran flota y una compleja burocracia basada en un sistema de tributos. Si una entidad política, como Funán, deseaba comerciar con otras naciones, enviaba enviados a esos emperadores o reyes, les rendía pleitesía y reconocía su superioridad y precedencia, y estos le concedían permiso para comerciar. Las rutas comerciales del océano Índico, a veces llamadas "mercado de los monzones", conectaban Funán con la India a través del golfo de Siam (actual golfo de Tailandia), a través del mar de Andamán y del golfo de Bengala. En el este, los barcos se desplazaban a lo largo del istmo de Kra, en Malasia, hacían un recorrido costero por el golfo de Tailandia y luego recorrían el delta del Mekong, abrazando la costa de Vietnam para llegar a China. Esta ruta, llamada transasiática, era una ramificación de la gran Ruta de la Seda Marítima. Las exportaciones de Funán eran productos forestales, oro, elefantes, cuernos de rinoceronte, marfil, plumas de martín pescador y especias.

Oc Eo era un puerto de escala de Funán. Tenía una serie de canales verticales y horizontales que conducían a Ta Keo, en Camboya, por lo que es muy probable que se utilizara como ruta comercial. Debido a la acumulación de sedimentos durante muchos años, Oc Eo ya no es un puerto. Según los antiguos geógrafos, llevaba el nombre de "Kattigara".

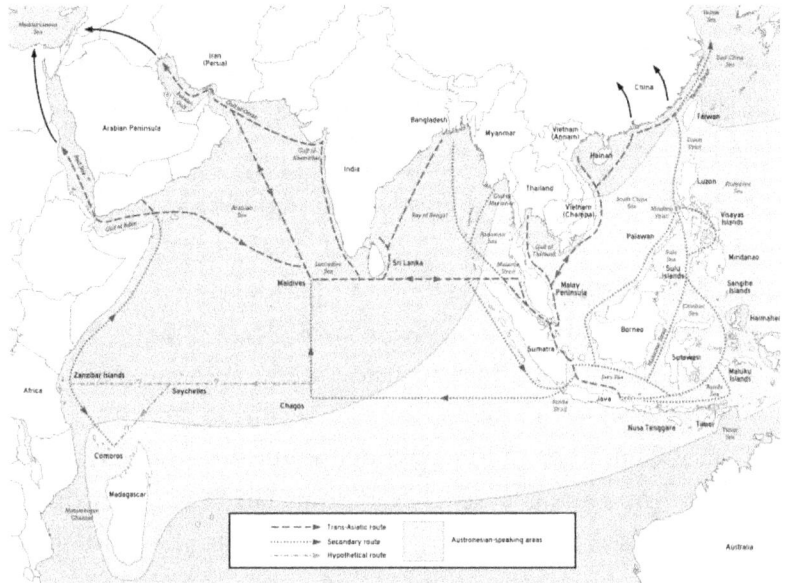

La ruta de la seda marítima

https://en.wikipedia.org/wiki/Maritime_Silk_Road#/media/
File:Austronesian_maritime_trade_network_in_the_Indian_Ocean.png

En las tierras bajas de Funán, la estación húmeda del monzón, que duraba entre mayo y octubre, traía lluvias torrenciales al suroeste. Los anales chinos llamaban a Funán un "reino arrancado del barro". La gente vivía en casas con pilotes y cultivaba arrozales. De diciembre a abril era (y sigue siendo) la estación seca de los monzones, que traía un tiempo soleado y caluroso, especialmente en enero y febrero.

Se decía que Hun Pan-huang era hijo de Kaundinya I (Preah Thong o Huntián) y de la reina Soma. El quinto gobernante (si se incluye a la reina Soma), Fan Shiman, «hizo construir grandes barcos y, navegando por todo el inmenso mar, atacó a más de diez reinos. Extendió su territorio cinco o seis mil li [unas 1.553 millas cuadradas]». Funán alcanzó su máximo esplendor durante el reinado de Fan Shiman, a principios del siglo III de nuestra era. Creó una sociedad feudal y envió embajadores a China e India en aras del comercio y la diplomacia. Lo más probable es que la indianización de Funán se produjera durante esta época.

Se cree que Fan Shiman estableció un pequeño monopolio comercial en la región. La población era bastante acomodada en aquella época, ya que utilizaban utensilios de plata. Los impuestos se pagaban en perlas, perfumes y oro.

El reino de Funán terminó tras la muerte de Rudravarman hacia el año 545 de la era cristiana. Sin embargo, algunos historiadores discuten esta afirmación, basando el fin del reino en un único comentario realizado en los anales chinos de la dinastía Sui. Según estos historiadores, a Rudravarman le sucedió Bhavavarman I, cuyo reinado duró hasta el año 590. También se afirma que su sucesor fue su hermano, Chitrasena, que se autodenominó rey Mahendravarman. Otra teoría afirma que Chitrasena y Bhavarman I conquistaron juntos el reino de Funán y crearon el reino de Chenla. Las inscripciones antiguas dicen que Bhavavarman I conquistó Funán "a punta de espada".

Existen varias teorías sobre el motivo del colapso de Funán. Algunos dicen que la ruta marítima transasiática fue sustituida por el comercio con la isla de Sumatra, que estaba más al sur de Funán. De ser así, Funán habría necesitado establecer un comercio por tierra para dominar la región. Dada la competencia de estos reinos, no habría sido una empresa fácil.

Reino de Chenla - Siglo VI a 802 d. C.

La mayoría de los historiadores creen que Bhavavarman I no formaba parte de la dinastía gobernante de Funán. Creen que expandió Camboya después de conquistar Funán. Sin embargo, como se ha mencionado anteriormente, esto es discutido entre los expertos. Y los desacuerdos no acaban ahí, ya que se afirma que Chenla, también conocido como Zhenla, nunca existió como reino centralizado. Los historiadores modernos indican que Chenla era en realidad una confederación de principados.

Bhavarman I seguía la tradición del shaivismo, una rama del hinduismo que reconoce a la deidad, Shiva, como el ser supremo. Shiva es visto como el creador y destructor de la vida. El shaivismo adopta una forma de vida ascética y valora la práctica del yoga como medio para ser uno con Shiva. A veces se representa a Shiva junto con Vishnu, al que se considera el preservador de la vida. En el año 590 de la era cristiana, Bhavavarman I fue sucedido por Chitrasena, que adoptó el nombre de Mahendravarman I. En vista de que a veces había hostilidades entre los países indochinos, Mahendravarman envió un embajador al reino vecino de Champa para asegurar unas relaciones cordiales.

El apogeo del reino de Chenla se produjo bajo el rey Isanavarman, que siguió a Mahendravarman. Isanavarman gobernó el reino de Chenla del 616 al 637 de la era cristiana. Una inscripción de su reinado dice: «El gran rey Isanavarman está lleno de gloria y valentía. Es el Rey de los Reyes, que gobierna sobre Suvarnabhumi hasta el mar, que es la frontera, mientras que los reyes de los estados vecinos honran su orden a sus jefes». Isanavarman conquistó algunos principados en el noroeste de Camboya e hizo su capital Isanapura. Se cree que Isanapura fue un complejo de templos hindúes llamado Sambor Prei Kuk, que hoy es Patrimonio de la Humanidad de la UNESCO, situado en la provincia de Kampong Thom. Gran parte del complejo fue destruido durante las guerras posteriores que asolaron Camboya, pero originalmente había 150 templos y edificios sagrados en el lugar.

Se esperaba que la gente hiciera donaciones en estos lugares sagrados. Estas incluían bienes, tierras y esclavos, que se entregaban al rey. En los templos, incluidos los menores, se recaudaban impuestos. Como se donaban tierras, sus terrenos se ampliaban. Sin embargo, esto restaba valiosas tierras de cultivo a los plebeyos. Los templos servían para atraer más negocios de los extranjeros y aumentar el prestigio del reino. La construcción de los templos requería piedra arenisca, que parece bastante elegante pero es pesada. Por ello, se necesitaban muchos esclavos para transportarla.

Religión

El budismo, que se originó en la India, se practicó también en Camboya. Aunque el pueblo de Camboya observaba originalmente el hinduismo, los historiadores especulan que el budismo viajó a Camboya a través de los comerciantes de la Ruta Marítima de la Seda. Las dos religiones coexistieron pacíficamente en el país. El historiador indio del siglo XX Himanshu Prabha Ray indicó que el budismo era más común entre quienes participaban en la Ruta Marítima de la Seda, mientras que el hinduismo brahmánico prevalecía entre los agricultores. Se adoraba a deidades como Brahma, Krishna, Indra y Lakshmi, y sus estatuas existen entre las ruinas de los lugares sagrados.

Shiva (arriba) y Buda (abajo)

https://upload.wikimedia.org/wikipedia/commons/b/b4/Murudeshwar_Shiva.jpg

https://upload.wikimedia.org/wikipedia/commons/b/b8/Gandhara_Buddha_%28tnm%29.jpeg

Según los historiadores, los reyes no imponían el hinduismo, el budismo ni ninguna otra religión a su pueblo.

Los hindúes utilizaban la cremación para deshacerse de los difuntos. Los crematorios estaban dedicados a la veneración de los miembros de la casta brahmana. Incluso hoy en día, la gente se reúne en los lugares de enterramiento de sus antepasados durante el Pitru Paksha, que dura dos semanas, donde ofrecen oraciones a sus seres queridos fallecidos, a menudo llevándoles bolas de arroz pegajoso para alimentarse. Rezan e invocan a sus antepasados para que acepten sus regalos de comida. Si sus pecados no son demasiado grandes, los antepasados pueden comer la comida, lo que hacen solo después de la puesta de sol.

Estatus social

Como ya se ha explicado, las lenguas más habladas en Camboya durante el siglo VII eran el sánscrito y el jemer. El sánscrito era la lengua de la religión, y a los que más aprendían en sánscrito se les concedían a veces puestos más altos.

La sociedad no estaba dividida en función del género, pero sí entre ricos y pobres. Las mujeres solían desempeñar papeles importantes en los rituales religiosos. Existía la esclavitud, y los hijos de los esclavos se convertían en esclavos. Si uno tenía una deuda y no podía pagarla, trabajaba para saldar la deuda a través de la esclavitud, de forma similar a los sirvientes contratados.

Economía

La economía se basaba en la agricultura de arroz húmedo y en la movilización de la mano de obra. Se construyó un extenso sistema de riego para proporcionar la cantidad adecuada de agua a los arrozales y controlar la escorrentía. El reino producía excedentes de arroz, que comercializaba. De hecho, en las ruinas del antiguo puerto marítimo Oc Eo, los arqueólogos han encontrado materiales procedentes de otros países.

Agua y tierra Chenla

Jayavarman I gobernó Chenla desde el año 657 hasta el 681 d. C. aproximadamente. Jayavarman no dejó herederos varones y su hija, Jayadevi, se convirtió en la nueva monarca. Su sucesión fue disputada y surgieron muchos conflictos. Durante su reinado, Chenla se dividió en dos: "Chenla de Agua" y "Chenla de Tierra". Jayadevi lamentó profundamente estas divisiones, pero no fue capaz de reunificar el reino.

Chenla de Tierra se refería a la región superior de Camboya, mientras que Chenla de Agua se situaba cerca del delta del Mekong, en la zona inferior de Camboya. Los dos grupos se dividieron en función de las características geológicas de sus territorios. Los habitantes de Chenla de Tierra llevaban una vida pacífica, pero los de Chenla de Agua sufrían los ataques de los piratas javaneses, que navegaban desde sus islas, situadas al sur de la península de Indochina. En aquella época, Java estaba gobernada por la dinastía Shailendra. Shailendra significa "Rey de la Montaña", aunque el término puede haber sido copiado del pueblo Funán. A finales del siglo VIII, Chenla de Agua se convirtió en vasallo de los Shailendra. Se cree que el último de los reyes de Chenla de Agua fue asesinado, y que su pueblo se incorporó a un sistema político bajo la monarquía javanesa, en el año 790 de la era cristiana.

Se sabe muy poco de Chenla de Tierra, salvo las menciones que se hacen de ella durante el reinado de Jayavarman II. En el 802, Jayavarman consolidó su reino, y se le considera el fundador del Imperio jemer.

Capítulo 2 - El Imperio jemer, 802-1150

El Imperio jemer, también conocido como Imperio de Angkor, existió entre 802 y 1431. La palabra "Angkor" deriva de la palabra sánscrita *nagara*, que significa ciudad. La mayor parte de los conocimientos sobre el Imperio jemer no proceden de los registros escritos de sus propios historiadores. En lugar de ello, se recopila a partir de inscripciones o estelas de piedra sobre los reyes, pruebas arqueológicas, narraciones de comerciantes chinos y diversos diplomáticos, y bajorrelieves que representan escenas del mercado, la vida en el palacio, los esfuerzos militares y la vida cotidiana. Por ejemplo, los conocimientos sobre una de las capitales de Camboya, Indrapura, proceden de la inscripción de Sdok Kok Thom, en Tailandia.

Lengua jemer

Los jemeres de Camboya hablaban un dialecto de la lengua jemer. En la actualidad, el jemer es la lengua oficial de Camboya, y la gran mayoría habla el jemer central. Los jemeres de algunas zonas de Tailandia hablan el Surin Khmer (jemer del norte), y los jemeres que viven en el actual Vietnam hablan el jemer del sur. Las tres variedades de la lengua —central, septentrional y meridional— son mutuamente inteligibles. David Chandler, eminente historiador camboyano, dijo: «Las inscripciones jemeres están todas en prosa. Registran la fundación de templos y los detalles de su administración». El jemer era la lengua utilizada para fines cotidianos, y también una de las lenguas vernáculas más habladas en todo el sudeste asiático.

Escritura jemer antigua

https://en.wikipedia.org/wiki/Khmer_script#/media/File:AncientKhmerScript.jpg

La lengua mon

La lengua mon es una lengua austroasiática hablada en Myanmar (antigua Birmania) y Tailandia. Está estrechamente relacionado con el jemer. El mon se denomina "lingua franca" o "lengua puente", ya que es un dialecto que hace posible que personas con diferentes lenguas maternas se comuniquen entre sí.

Los primeros reyes del Imperio jemer

En el año 802 de la era cristiana, el gran gobernante Jayavarman II se hizo cargo de lo que los historiadores llaman el Imperio jemer (Jayavarman lo habría llamado Kambuja). Al principio de su reinado, se dirigió a una montaña sagrada, el monte Mahendraparvata, ahora conocido como Phnom Kulen, para declarar la independencia del reino. Según David Chandler, Jayavarman II se convirtió en el "monarca universal" e hizo que la ceremonia se llevara a cabo de tal manera que «hiciera imposible que Java controlara la sagrada Camboya». No se sabe con certeza si "Java" se refiere a la isla o a Champa, un conjunto de entidades políticas en Vietnam. Incluso es posible que se refiera a algo totalmente distinto. Según algunos expertos, Jayavarman II procedía de la corte de Shailendra en Java y trajo la cultura de esa región. Los historiadores también han especulado que Jayavarman II comenzó su carrera en Vyadhapura, en el este de Camboya. Las evidencias arqueológicas indican que tuvo algunas relaciones con los cham, que vivían en la vecina provincia de Champa. Dado que eran una amenaza más cercana que los Shailendra, es bastante plausible que la inscripción se refiera a Champa.

Jayavarman II amplió su territorio a medida que avanzaba su reinado, lo que le permitió trasladar su capital a Hariharalaya, cerca de la actual ciudad camboyana de Rolous. Conquistó varios territorios, entre ellos la ciudad de Vyadhapura, Sambhupura, Banteay Prei Nokor y posiblemente Wat Pu, que se encuentra en el actual Laos.

El nombre de Jayavarman II aparece en varias inscripciones (ninguna de ellas hecha por él mismo), pero quizá la más importante sea la del templo de Sdok Kok Thom, en Tailandia. Esta inscripción se realizó en el siglo XI, es decir, dos siglos después de la muerte de Jayavarman. El escrito habla de las hazañas de las familias fundadoras de Angkor y de su servicio a la corte jemer y a los capellanes de la religión hindú shaivita.

Jayavarman II murió en el año 835, y sus sucesores continuaron expandiendo el reino. Lamentablemente, no existe mucha información sobre los reyes de Camboya que gobernaron durante el siglo IX. Los epigrafistas han dicho que la única evidencia de los tres reyes que siguieron a Jayavarman II son los nombres inscritos en estelas encontradas en Preah Ko, en Hariharalaya. Los investigadores, como el célebre historiador camboyano Michael Vickery, informaron de que las inscripciones contemporáneas son las más fiables, pero existen dudas sobre la fiabilidad de las inscripciones realizadas después de esa fecha, incluidos los nombres y reinados de los sucesivos reyes y reinas.

Se ha escrito que Jayavarman III, que siguió a su padre, Jayavarman II, cazaba elefantes, pero no se dijo mucho más de él. Jayavarman III murió en el año 877, y el trono lo ocupó Indravarman I. Destacó por sus proyectos de construcción, sentando las bases para los futuros gobernantes. Construyó el templo de Preah Ko, que dedicó a su padre y abuelo maternos, así como a Jayavarman II, su tío. Indravarman tuvo un gobierno pacífico, por lo que probablemente pudo encargar tantos edificios nuevos.

Indravarman murió en 889, y su hijo, Yasovarman I, tomó el relevo, gobernando desde 889 hasta 900. Se decía que tenía lepra y que murió de la enfermedad; sin embargo, es difícil discernir la leyenda de la realidad cuando se trata de inscripciones centenarias.

Yasovarman, el rey leproso

*https://en.wikipedia.org/wiki/Yasovarman_I#/media/
File:Phnom_Bakheng_relief_(2009).jpg*

Yasovarman fundó muchos monasterios, o *ashrams*. Estos servían como paradas de descanso para el rey en sus viajes. En particular, trasladó la capital a Yasodharapura (Angkor). Hay muchas razones por las que hizo este traslado, aunque se cree que la razón principal fue que la antigua capital estaba demasiado poblada. Aquí había mucho espacio para nuevos monumentos religiosos. Algunas de las estructuras camboyanas más famosas, como Angkor Wat, se construirían en Yasodharapura, ya que serviría como capital del Imperio jemer durante los siguientes 600 años. Yasovarman también continuó con los enormes proyectos hidráulicos de su predecesor. En esta época, el país tenía un estado centralizado con jefes reales designados para dirigir las distintas provincias.

No se sabe mucho sobre los reyes que siguieron inmediatamente a Yasovarman I. El rey Rajendravarman II, que comenzó su reinado en 944, fue el siguiente rey notable. Según las inscripciones de su reinado, Rajendravarman venció a Ramanya y a Champa. Los historiadores indican que Ramanya podría haber sido una parte de la actual Tailandia. Las inscripciones señalan que la espada de Rajendravarman II solía estar manchada de sangre, lo que indica que era un guerrero experimentado y feroz.

El rey Jayavarman V y el poder de las mujeres

Rajendravarman II falleció en el año 968, y le sucedió su hijo de diez años, Jayavarman V. Al ser tan joven, no gobernó realmente en los primeros años de su reinado, dejando eso a los funcionarios de la corte. Jayavarman era shaivita, pero toleraba el budismo, que había empezado a florecer en el sudeste asiático en el siglo IX. El budismo enseña la tolerancia para todos, y como resultado de estas creencias, Jayavarman concedió a muchas mujeres puestos en su administración. Los anales chinos indican que las mujeres de Kambuja destacaban por sus conocimientos de astronomía y política. Tras la muerte de Jayavarman V en 1001, siguió un periodo turbulento. Tres reyes reinaron simultáneamente, en constante guerra entre ellos por el trono.

Suryavarman I

En 1006, Suryavarman I subió al trono. Se dice que no era camboyano de sangre, pero que estaba vinculado a la élite camboyana. Los historiadores teorizan que subió al trono gracias a la guerra local y a la formación de coaliciones. Suryavarman también estableció relaciones diplomáticas con la dinastía Chola del sur de la India. Fue una suerte, ya que consiguió su ayuda para hacer frente a los ataques del reino Tambralinga, situado en la península malaya, y de su posterior aliado, el Imperio Srivijaya. Estas guerras tenían un trasfondo religioso, ya que los jemeres y los chola eran hindúes shaivitas, mientras que Tambralinga y el Imperio de Srivijaya eran budistas mahayana. Los jemeres y los chola resultaron victoriosos en estos conflictos.

Suryavarman luchó en muchas escaramuzas con sus vecinos, pero fue astuto. Cuando no quería luchar con un reino por el control, formaba coaliciones en virtud de los matrimonios. Suryavarman se movió constantemente hacia el oeste, conquistando pequeños principados. Ganó su última batalla "a un rey rodeado de otros reyes", según las inscripciones encontradas en las estelas del templo. Una de sus primeras acciones fue exigir a sus funcionarios un juramento de lealtad llamado tamvrac. Juraban: «Si todos nosotros… no mantenemos este juramento con respecto a Su Majestad, que aún reine mucho tiempo, le pedimos que nos inflija castigos reales de todo tipo».

Suryavarman II

Bajo el peso de sus conflictos internos y las escaramuzas con los reinos vecinos, el Imperio jemer atravesó un período de debilidad del poder central. Un ambicioso príncipe llamado Suryavarman reclamó los derechos al trono. Una de las inscripciones decía: «Aprobó el deseo de la dignidad real de su familia»; en otras palabras, esta inscripción afirma que tenía derecho a asumir el trono. Sin embargo, Suryavarman tuvo que enfrentarse a dos pretendientes opuestos, Nripatindravarman y Dharanindravarman I, este último su tío abuelo.

Suryavarman, que estaba «saltando sobre la cabeza del elefante del rey enemigo... lo mató, como Garuda [ave de presa mística]... mataría a una serpiente». Es difícil saber a cuál de los dos hombres se refiere esta inscripción, pero sea como sea, Suryavarman II subió al trono en 1113.

Durante el reinado de Suryavarman II, el imperio alcanzó su mayor extensión geográfica, ya que Suryavarman trató de unificar la tierra bajo su dominio.

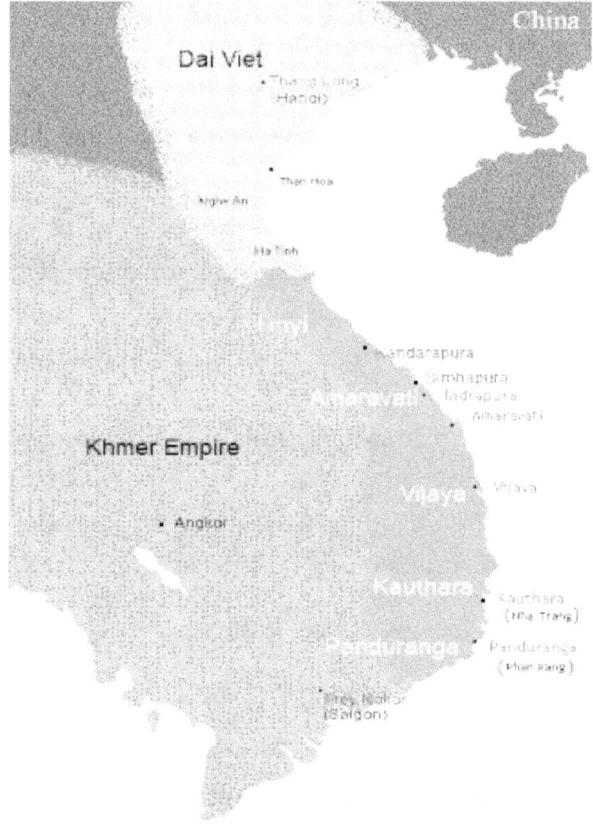

Imperio jemer - Dai Viet y Champa (Champa es verde)
https://upload.wikimedia.org/wikipedia/commons/4/45/VietnamChampa1.gif

Las guerras Dai Viet-Jemer

En 1128, el rey Suryavarman II exigió el pago de tributos a Dai Viet, cuyo monarca actual solo tenía unos trece años. Dai Viet se negó, por lo que Suryavarman decidió exigirles un tributo tomando algunas de sus tierras, formando para ello un ejército de 20.000 soldados. Perdió las primeras batallas, pero regresó con 700 barcos al año siguiente. En 1132, los jemeres se habían aliado con Champa, que también vio una forma de ganar nuevas tierras. Ese año, el Imperio jemer y Champa invadieron Dai Viet. En 1136, Dai Viet penetró en territorio jemer y atacó con 30.000 soldados. Sin embargo, se vieron obligados a retirarse. Los historiadores de guerra han calificado el resultado de esta guerra como inconcluso, ya que ninguno de los dos bandos ganó o perdió realmente tierras. Además, tras el paso de los dos monarcas de los respectivos reinos, ambos fueron sucedidos por gobernantes más débiles.

Las guerras Jemer-Cham

Los jemeres y los chamanes se vieron envueltos en conflictos a lo largo de los años, empezando por el año 950. El rey Suryavarman II revivió la guerra en 1145 tras la conclusión de la guerra de Dai Viet. Tras su fracaso en Dai Viet, Suryavarman II invadió Champa y ocupó su capital, Vijaya. A continuación, destruyó los templos de My Son, que era un centro religioso y el lugar de sepultura de la realeza de Champa.

En el proceso, Suryavarman II depuso al rey de Cham, Jaya Indravarman III. Al año siguiente, anexionó Champa y puso en el trono a un nuevo rey, que los historiadores creen que podría haber sido el cuñado de Suryavarman. Esto duró poco, ya que los cham retomaron la capital y mataron al nuevo rey. En 1150, Suryavarman intentó volver a tomar Champa, pero no lo consiguió.

Angkor Wat

Suryavarman II inició la construcción del magnífico complejo de templos de Angkor Wat. Por su extensión, es el mayor monumento religioso del mundo.

Este templo estaba originalmente dedicado al dios Vishnu, el preservador de la vida. El papel de Vishnu es regresar a la Tierra en tiempos de gran necesidad para restablecer el orden y la paz dentro del equilibrio del bien y el mal. El Rig Veda, el texto sagrado hindú, dice: «A través de todo este mundo caminó Vishnu: tres veces plantó su pie, y el mundo entero se reunió en sus pasos, Vishnu, el Guardián, a quien nadie engaña, dio tres pasos y estableció sus leyes».

El arroz y otros productos se almacenaban en los templos de todo el imperio para tiempos de necesidad. El maíz, el arroz y el trigo se recogían en beneficio del Estado, es decir, para el pueblo, así como para los sacerdotes y consejeros de los reyes. Los templos eran esencialmente la base de la economía, ya que actuaban como centros de distribución, recibiendo los bienes de las aldeas y enviándolos después a los pueblos locales. Los bienes se distribuían primero a los que tenían poder y prestigio antes de entregarlos a los del campo.

La historia del batido del océano de leche

Los *devas* (dioses) y los *asuras* (demonios) agitaron el océano cósmico —el Kshirasagara— para obtener el *amrita* o elixir de la inmortalidad. Mientras agitaban el océano, de las grandes profundidades surgió un veneno mortal llamado Halahala. El veneno les oscureció la vista y llenó el cielo de un humo asfixiante. Los *devas* y los *asuras* pidieron ayuda al gran Shiva. Apresurándose a ayudar a sus amados seres de la Tierra, se tragó parte del veneno para evitar que se extendiera. Los codiciosos *devas* y *asuras* se apresuraron a arrebatar la *amrita* cuando apareció, arañándose y mordiéndose por ella, pero Vishnu, disfrazado de una hechicera llamada Mohini, coaccionó a los *asuras* para que le dieran la poción a "ella". Vishnu dio el *amrita* a los *devas*. Svarbhanu, un *asura*, se disfrazó de *deva* e intentó beber del *amrita*, el néctar sagrado. Vishnu lo decapitó por este engaño.

Un bajorrelieve de Angkor Wat representa esta historia, y también se pueden encontrar otras historias del hinduismo. Este relieve en particular muestra el gran océano agitado por los dos *asuras* y los *devas*. También existe una representación de la serpiente llamada Vasuki, que Vishnu utilizó para agitar las grandes aguas.

Angkor Wat, complejo de templos del Imperio jemer
https://en.wikipedia.org/wiki/Angkor#/media/
File:Angkor_Wat_reflejado_en_un_estanque_07.jpg

El comienzo de la decadencia

Suryavarman falleció en 1150, quizás durante su campaña contra Champa. Le sucedió Dharanindravarman II, que inició un largo periodo de gobernantes débiles.

Hubo muchos factores que influyeron en la desaparición de Jemer. Por ejemplo, los geólogos han observado que el agua en la zona de Angkor Wat se redujo con el tiempo y probablemente se agotó. La base de la economía de Angkor, basada en el arroz, dependía de un intrincado sistema de canales y embalses. El agua proporcionaba el sustento a una gran población, ya que quizás había hasta 600.000 personas solo en Angkor Wat y sus alrededores. La zona de Angkor Wat alcanzó su máximo rendimiento a mediados del siglo XII y comenzó a reducirse durante el siglo siguiente.

La falta de mantenimiento también influyó en el declive del imperio, que se debió a la escasez de mano de obra en tiempos de guerra. También influyeron la debilidad de los gobernantes, las guerras civiles y el paso del hinduismo al budismo.

Capítulo 3 - El Imperio jemer y el posterior reino jemer, 1150-1600

No se ha escrito mucho sobre los sucesores inmediatos de Suryavarman. Dharanindravarman II, posiblemente primo de Suryavarman, subió al trono en 1150, y le siguió Yasovarman II en 1160. Según una inscripción, Yasovarman II sofocó una revuelta en el noroeste protagonizada por personas que no eran ni extranjeras ni miembros de la élite; fueron representadas como personas con "cabezas de animales" en los bajorrelieves del templo de Banteay Chhmar. En 1167, Yasovarman II fue asesinado por uno de sus subordinados, que se hizo con el trono. Ese hombre era Tribhuvanaditya, y ocupó el trono hasta 1177.

Saqueo de Angkor

Las rebeliones en el Imperio jemer proporcionaron a Champa la oportunidad de invadirlos. En 1170, los chams atacaron, pero el resultado de la guerra no fue concluyente. El rey de Champa, Jaya Indravarman IV, y sus tropas volvieron a intentarlo en 1177, esta vez tomando la actual capital, Yasodharapura (Angkor), y masacrando a Tribhuvanaditya.

Un valiente jemer llamado Jayavarman se levantó para defender su país y dirigió un formidable ejército contra los cham en 1178. Tras expulsar a los invasores cham, regresó a la capital y la encontró sumida en el caos y el desorden. Jayavarman descubrió que los jemeres estaban enzarzados en sus propias disputas entre ellos, y puso fin a las mismas en 1181. Una vez logrado esto, se coronó a sí mismo como rey.

El rey Jayavarman VII

Jayavarman VII está considerado como uno de los mejores reyes de Camboya. No era un sucesor legítimo al trono, pero interpretó bien el papel, ya que era muy grandioso. Jayavarman VII era un budista mahayana, que propugna la creencia de que cada persona es responsable de su propio comportamiento. Tenía la impresión de que debía salvar a su pueblo del sufrimiento. Además, trató de integrar el budismo con los ideales de la realeza camboyana, similar a la de los monarcas hindúes que le precedieron.

Como Angkor había sido destruida por los cham, Jayavarman estableció una nueva capital, a la que llamó Angkor Thom. Allí construyó un magnífico templo budista llamado Bayon. En el templo hay 216 caras gigantescas, una de las cuales, según los expertos, es del propio Jayavarman. Creen que las otras caras son de los bodhisattva, que son estudiantes devotos de Buda. Durante su apogeo, se dice que Angkor Thom albergaba una población de entre 80.000 y 150.000 personas.

Las guerras entre Champa y Camboya continuaron durante veintidós años más. En 1203, Jayavarman VII conquistó Champa y la saqueó. Champa se convirtió entonces en un estado vasallo del Imperio jemer.

¡Cuidado! ¡Pueden morder!

En la actualidad, Angkor Thom se ha visto afectado por los monos macacos, que han hecho del templo su hogar. Parte de la razón de esta molestia fue la domesticación gradual de los monos. Hasta el presente, los turistas adoran verlos, aunque los monos les arrebaten la comida de las manos o incluso ataquen a las personas. Según *The Phnom Penh Post:* «Estos monos ya no tienen miedo de la gente porque los han alimentado. Ahora, cuando no los alimentan, los monos se molestan y roban la comida de todos modos e incluso muerden a la gente». A finales de 2020, el gobierno camboyano retiró a algunos de los monos del complejo del templo, pero es casi seguro que todavía hay algunos rondando.

El Bayón, Angkor Thom

htps://en.wikipedia.org/wiki/Khmer_Empire#/media/File:Bayon_(4184833523).jpg

La antigua medicina camboyana

Jayavarman VII no solo estableció una red de carreteras, incluyendo puentes y casas de descanso para los viajeros, sino que también apoyó la construcción de hospitales. Está escrito que «sufría por las enfermedades de sus súbditos más que por las suyas propias; el dolor que afectaba a los cuerpos de los hombres era para él un dolor espiritual, y por tanto más punzante». Por ello, como parte de sus grandes proyectos de construcción, incluyó planes para muchos hospitales, siendo Ta Prohm Kel quizás el más conocido. La inscripción de Ta Prohm Kel recoge el juramento del rey: «A todos los seres que están sumidos en el océano de la existencia, que los saque en virtud de esta buena obra». Para las generaciones futuras, el rey añadió: «Que los reyes de Camboya que vengan después de mí, apegados a la bondad... alcancen con sus esposas, dignatarios y amigos el lugar de la liberación donde ya no haya enfermedad».

La medicina tradicional jemer era una combinación de la medicina tradicional india, llamada ayurveda, y la antigua medicina china. Los arqueólogos han observado que estos hospitales tenían una división del trabajo e incluían directores de hospitales, moledores de medicamentos, distribuidores de medicamentos y personal para hervir el agua.

Sus prácticas medicinales se registraban en manuscritos de hojas de palma y, aunque algunos fueron inevitablemente destruidos en los conflictos, otros han sobrevivido hasta nuestros días. Las medicinas tradicionales consistían en raíces, cortezas y hojas de plantas, cuyas propiedades medicinales se mezclaban con agua. Antes de administrar la medicación, el personal vertía la mezcla sobre una "Shiva Linga". Esta representaba la asistencia de Shiva, que traería la salud al paciente.

Los *kru pet* eran los más educados. Los *kru thnam* eran herbolarios, y los *thmup* eran hechiceros. Estas clases siguen existiendo hoy en día, pero solo hay un puñado de los que pertenecen a la clase *kru pet*. Había una gran variedad de otras funciones, como las de los hueseros, los adivinos y los que creaban amuletos para la buena suerte o el amor. Los monjes budistas también desempeñaban un papel, especialmente si se necesitaba un exorcismo.

Ta Prohm Kel - Un antiguo hospital camboyano
https://en.wikipedia.org/wiki/Traditional_Cambodian_medicine#/media/
File:Ta_Prohm_Kel4.JPG

Sociedad

El Imperio jemer tenía un sistema de castas similar al de los hindúes. Los plebeyos estaban en la parte inferior, mientras que los kshatriya —los nobles y los guerreros— estaban en la parte superior. Había otras clases, como los brahmanes (sacerdotes) y los comerciantes. Los esclavos, como era de esperar, estaban en la parte más baja. Los esclavos solían ser prisioneros capturados en las guerras.

Los reyes jemeres estaban influenciados por el culto a Devaraja, un concepto popular en el sudeste asiático que promovía la idea de que los reyes eran elegidos divinamente para gobernar. Había muchos que apoyaban al rey, como sus ministros, sirvientes y guardias. Sin embargo, la mayor parte de la sociedad formaba parte de la comunidad agrícola.

Esclavos

Los esclavos se dividían en catorce categorías según su origen étnico y sus funciones. Algunos esclavos servían como músicos y bailarines. Los esclavos que prestaban servicio en los templos tenían un estatus más elevado, y gozaban de un estatus semiclerical. Todos ellos podían ser comprados o vendidos y regalados, ya que no tenían libertad. Parece que muchos esclavos estaban vinculados a un lugar, como una granja, por ejemplo, en lugar de estar vinculados a un señor concreto.

Además, había personas que entraban en la servidumbre para saldar una deuda. A veces, los padres, debido a desafortunadas dificultades económicas, se veían obligados a meter a sus hijos en la esclavitud.

Agricultores

Los agricultores vivían en aldeas cercanas a los arrozales. Sus casas tenían paredes de bambú, con techos de paja. Sus casas estaban sobre pilotes para protegerlos a ellos y a sus pertenencias de las inundaciones durante la estación de los monzones. Según el libro del historiador y diplomático chino Zhou Daguan, escrito a finales del siglo XIII, «las viviendas de los príncipes y los principales funcionarios tienen una disposición y unas dimensiones completamente diferentes a las del pueblo... El rango oficial de cada persona determina el tamaño de las casas». Los nobles tenían casas con paredes de bambú, pero sus techos estaban compuestos por tejas de madera. Por supuesto, también eran mucho más elaboradas que las de un campesino común.

Los agricultores tenían cierta libertad en cuanto a sus medios de vida. Aunque eran libres de cultivar arroz o verduras, no eran libres de trasladarse a otros lugares, ya que los arrozales estaban destinados a determinados agricultores.

Los agricultores y campesinos libres eran llamados a servir en el ejército. Además, se esperaba que ayudaran en proyectos de obras públicas, como la construcción de canales u otros favores que pudieran pedir sus señores. También se les pedía que ayudaran en los templos durante las fiestas sagradas o que limpiaran o renovaran las estatuas.

Vestimenta

La gente llevaba un sampot, una tela rectangular que se ponía en la parte inferior del cuerpo. Se envolvía entre las piernas y se sujetaba con un cinturón en la espalda. El material era sencillo para los campesinos, pero las clases altas llevaban sampots elaboradamente decorados. Los hombres y las mujeres también llevaban un krama, que tiene diversos usos, como pañuelo o bandana. Incluso puede utilizarse como hamaca para los niños pequeños.

Los jemeres originaron la creencia de que el alma de una persona residía en su cabeza, algo que los camboyanos siguen practicando hasta hoy. Por ello, es tabú tocar o señalar con los pies, especialmente hacia otra persona. Los pies son la parte más baja del cuerpo y se consideran impuros, por lo que un gesto así es un insulto.

Acontecimientos del siglo XIII

Jayavarman VII murió en 1218 y le sucedió su hijo, Indravarman II. Al igual que su padre, Indravarman II era un budista mahayana. Sin embargo, a diferencia de su padre, no era hábil en asuntos militares, y perdió el control de algunos de los territorios de Champa, reduciendo así el tamaño de Kambuja (Camboya). En 1238, los súbditos de su reino se rebelaron bajo Si Inthrathit. Este estableció su propio reino, que duró poco, ya que terminó en 1270. Si Inthrathit suele ser considerado el gobernante que liberó a Siam (la actual Tailandia) del dominio camboyano.

Indravarman II murió en 1243 y le sucedió Jayavarman VIII. Jayavarman, a diferencia de sus predecesores, era seguidor del shaivismo. Jayavarman VIII se opuso agresivamente al budismo y convirtió muchos templos budistas en hindúes. Se dedicó sistemáticamente a destruir imágenes budistas y estatuas.

Entre las décadas de 1270 y 1290, Kublai Khan, del enorme Imperio Yuan de China, emprendió una campaña militar en el sudeste asiático, atacando reinos como Birmania, Vietnam y Java. Birmania fue el único lugar donde los mongoles tuvieron algún éxito, pero muchos estados aceptaron pagar tributos para evitar el derramamiento de sangre. Kublai Khan llegó a amenazar la estabilidad de Camboya, atacando el Imperio jemer en 1283. A cambio de la paz, Jayavarman VIII pagó a Kublai Khan un tributo que incluía colmillos de elefante, oro y otros objetos preciosos.

Jayavarman VIII fue depuesto por su yerno, Indravarman III, en 1295. El rey Indravarman III reinó desde 1295 hasta 1308. El diplomático chino errante Zhou Daguan, de quien obtenemos mucha información sobre el Imperio jemer, relató una curiosa historia sobre Indravarman. Zhou dice que cuando su suegro, Jayavarman VIII, había muerto, la esposa de Indravarman III le robó su espada de oro y se la dio a Indravarman. Se decía que esa era la razón por la que el propio hijo de Jayavarman VIII no había sucedido al trono. Zhou también bordó la leyenda, diciendo: «El nuevo rey tenía una pieza sagrada de hierro incrustada en su cuerpo, de modo que si algo como un cuchillo o una flecha le tocaba, no podía ser herido».

La procesión de Indravarman cuando se convirtió en rey fue como las de antaño: llena de magnificencia y gloria y atrayendo a grandes multitudes. De acuerdo con los relatos de Zhou:

> Cada vez que salía, todos sus soldados se reunían delante de él, con gente portando estandartes, músicos y tamborileros siguiéndole. Un contingente estaba formado por entre trescientas y quinientas mujeres de palacio. Llevaban ropas con diseños florales y flores en el pelo enroscado, y portaban enormes velas, encendidas a pesar de ser de día... Todos los ministros, funcionarios y familiares del rey iban delante, montados en elefantes... Al final llegó el rey, de pie sobre un elefante, con la espada de oro en la mano y la trompa de su elefante recubierta de oro.

Camboya se alejó de la intolerancia de su predecesor, Jayavarman VIII. Indravarman III siguió el budismo Theravada, que convirtió en la religión del Estado. El budismo Theravada promueve creencias más conservadoras. Se centra en la doctrina, las normas de comportamiento y los discursos y sermones de Buda. Se espera que los seguidores mediten diariamente para liberarse de los apegos de la carne, ya que ese es el camino hacia la iluminación.

Los monjes Theravada también tenían un aspecto diferente. Según la descripción de Zhou Daguan en su libro *Costumbres de Camboya*, decía que los monjes Theravada «se afeitan la cabeza y visten de amarillo. Dejan el hombro derecho al descubierto, se envuelven en una túnica de tela amarilla y van descalzos». Se esperaba que la gente apoyara a los monjes proporcionándoles comida, suministros y medicinas.

Comercialización local

Zhou Daguan presentó una descripción detallada de las prácticas de comercialización rural en Camboya, y los historiadores han señalado que no eran muy diferentes de los mercados camboyanos actuales. Zhou dijo que en su mayoría eran realizados por mujeres. Los mercados estaban abiertos desde primera hora de la mañana hasta el mediodía. No tenían puestos, sino que se limitaban a desenrollar esteras en el suelo. Al igual que los mercados locales actuales, Zhou especuló que se cobraba una cuota por el alquiler de cada espacio. Vendían marfil, cuernos de rinoceronte para bajar la fiebre, laca, cera de abeja y cardamomo. También se vendían productos importados, que consistían en artículos de metal, seda, porcelana, papel y mimbre.

El declive de Jemer

Numerosos factores contribuyeron a la decadencia del Imperio jemer, que comenzó su declive lentamente a lo largo del siglo XIII. La conversión del Estado del hinduismo al budismo mahayana al budismo theravada cambió los sistemas sociales y de gobierno. Con el tiempo, los reyes y los sacerdotes hindúes (brahmanes) empezaron a perder importancia; por ejemplo, los reyes perdieron su condición de elegidos divinamente. Por lo tanto, no había necesidad de erigir más santuarios, estatuas o templos en su honor. El cambio de ideología también contribuyó a la falta de atención a las infraestructuras. A lo largo de los años, el sistema de gestión del agua de Camboya empezó a deteriorarse, ya que no se había mantenido. Por ello, las inundaciones y las sequías eran frecuentes, lo que provocaba la pérdida de las cosechas.

El último rey jemer mencionado en las inscripciones de los monumentos fue Jayavarman IX, cuyo reinado comenzó en 1327, pero le sucedieron otros, ya que el Imperio jemer no terminó hasta 1431. Jayavarman era un devoto hindú, y fue asesinado en 1336 por el jefe de los jardines reales, que los historiadores suponen que ocupó el trono, aunque es muy probable que esta historia sea simplemente una leyenda y no un hecho.

Relaciones exteriores

Entre 1371 y 1432, se enviaron veintiuna misiones tributarias desde Camboya a la corte Ming. No era la primera vez que se enviaban misiones a China desde Jemer, pero este número eclipsó los de años anteriores. Los camboyanos estaban muy ansiosos por ampliar y explotar las relaciones comerciales, pero se vieron obstaculizados por la competencia con el prometedor reino de Ayutthaya, centrado en la actual Tailandia.

Hacia 1352, el reino de Ayutthaya invadió a los jemeres y sustituyó a sus gobernantes por reyes siameses. En 1357, Suryavamsa Rajadhiraja recuperó su trono, pero lo perdió de nuevo en 1393. Cuando el rey siamés, que también gobernaba el Imperio jemer, fue asesinado, Ponhea Yat ocupó el lugar que le correspondía en el trono de Angkor.

Sin embargo, Angkor ya no era una ciudad poderosa. La guerra con Ayutthaya había devastado la región. Y no solo eso, sino que el gobierno había fracasado en el mantenimiento de los sistemas hidráulicos camboyanos alrededor de Angkor. Hay muchas otras teorías sobre la caída de Angkor, como los desastres naturales, las enfermedades y el declive del culto real. Es posible que muchos de estos factores hayan influido. En cualquier caso, en 1431, Ponhea Yat trasladó la capital de Camboya a la ciudad de Phnom Penh. En Phnom Penh, la confluencia del río Mekong, el Tonle Sap y el río Bassac sirvió para estimular el comercio. Phnom Penh era una ciudad fortificada, lo que permitía un vigoroso comercio. La cerámica, el pescado y la salsa de pescado se intercambiaban por productos chinos.

En esta época, surgió una leyenda sobre la importancia de Phnom Penh para explicar este cambio de control. Se decía que una anciana descubrió una imagen de Buda flotando milagrosamente río abajo hasta Phnom Penh. Los historiadores consideran que el traslado a Phnom Penh supuso el fin del Imperio jemer. Fue sustituido por un reino jemer bastante débil.

La era de Longvek

Ang Chan fue quizás el rey más conocido después de Angkor. Era el virrey y heredero de Phnom Penh, y en 1512 entró en conflicto con un hombre llamado Sdach Korn. Sdach Korn mató al rey reinante y expulsó a Ang Chan de la capital. Ang Chan huyó a Siam y regresó con un ejército siamés en 1516, decidido a expulsar al pretendiente. Sdach Korn se retiró y Ang ocupó su legítimo lugar en el trono. Sin embargo, Sdach no había renunciado a su corona, ya que seguía etiquetándose como rey. Afortunadamente, Ang pudo obtener armas de fuego y cañones durante la guerra civil. Hacia 1528 (posiblemente 1529), capturó a Sdach Korn y lo decapitó. Ese mismo año estableció la capital en la ciudad de Longvek, a orillas del Tonle Sap.

Ang Chan, que gobernó hasta 1566, probablemente tomó esta decisión por varias razones. Una de las principales razones fue la devastación del territorio jemer a lo largo de los años. El reino de Siam había hecho muchas incursiones a lo largo del siglo XIV, y trasladar la capital a Longvek era una decisión militar inteligente, ya que el terreno era más defendible. Además, Longvek estaba situada a orillas del Tonle Sap, lo que daba a los camboyanos un acceso limitado a las redes comerciales. Según los historiadores de la época, «aunque parecían tener un papel secundario en la esfera comercial asiática en el siglo XVI, los puertos camboyanos prosperaron». Los camboyanos comerciaban con metales, seda, marfil, incienso, etc. Los afluentes que aún eran accesibles ofrecían oportunidades comerciales con los chinos, los árabes, los indonesios y los malayos. No solo estaban abiertos esos mercados, sino que también viajaban a la zona europeos procedentes de España, los Países Bajos, Inglaterra y Portugal.

Las *Crónicas Reales de Camboya* y las *Crónicas Reales de Ayutthaya* recopilan los numerosos enfrentamientos militares entre ambas naciones, pero historiadores modernos, como David Chandler y Michael Vickery, dudan de la exactitud de estos documentos. Es más, Chandler afirma que el «periodo menos registrado de la historia de Camboya se sitúa entre la visita de Zhou Daguan a Angkor [a finales del siglo XIII] y la restauración de algunos de los templos allí por un rey camboyano llamado Chan en las décadas de 1550 y 1560». Por eso los historiadores se refieren a este periodo, sobre todo entre los siglos XV y XVI, como la "Edad Oscura" de Camboya, ya que se dispone de poca información sobre su historia. Aunque las fuentes se vuelven un poco más frecuentes después del siglo XVI, todavía no hay suficientes para obtener una imagen completa de los gobernantes y sus reinados. Esto dura hasta 1863, que fue el comienzo del protectorado francés de Camboya.

Amenazas ecológicas/epidemiológicas

Durante la época de Longvek, el Imperio jemer estaba en declive. Los arqueólogos señalaron múltiples razones por las que los registros eran escasos, incluyendo las siempre presentes escaramuzas, tanto desde dentro como desde fuera. Otras razones que no hemos tocado mucho fueron los graves desastres ecológicos y la peste negra.

Los científicos teorizan que la peste negra apareció por primera vez en Camboya entre 1330 y 1345, y lo más probable es que la enfermedad estuviera presente durante un tiempo, con casos que aparecieron incluso después de la primera gran afluencia. Además de la Peste Negra, el exceso de agua en la región tradicionalmente daba lugar a la malaria. Esta se propagaba más fácilmente debido al mal sistema de gestión del agua, ya que no se mantenía, y el agua estancada provoca un aumento de los mosquitos portadores de malaria.

Cuando la población del reino jemer aumentó, el sistema de riego se vio sometido a una gran presión, que se vio agravada por las graves sequías alternadas con las excesivas inundaciones. Además, la gente cortó más árboles para crear nuevos arrozales. Sin los árboles para absorber el agua de lluvia, la escorrentía arrastra el limo cuesta abajo, llenando los canales que la gente utilizaba para el transporte.

El continuo auge del reino de Ayutthaya

Mientras los jemeres declinaban, el reino de Ayutthaya (la actual Tailandia) se expandió y se convirtió en una gran potencia en el sudeste asiático. En 1568, los siameses atacaron Birmania, tratando de anexionar sus tierras. Sin embargo, Birmania salió victoriosa y Ayutthaya se convirtió en un estado vasallo. Ayutthaya intentó varias veces liberarse del vasallaje birmano, pero no lo conseguiría hasta 1584. Naresuan, uno de los monarcas más queridos de Tailandia, participó en la batalla por la independencia, convirtiéndose en rey en 1590 y dando paso a una nueva era de expansión, que puso a Camboya en su punto de mira

La leyenda de la guerra siamés-camboyana

Gran parte de la historia se cuenta en forma de historias y leyendas, y Camboya tiene una bastante interesante sobre la guerra con Ayutthaya. Cuenta la historia de dos hermanos, Preah Ko y Preah Keo. Preah Ko, un buey parido por una madre humana, tenía poderes divinos y llevaba objetos preciosos en su vientre.

Según cuenta la leyenda, el rey de Siam desafió al rey de Camboya, y Preah Ko se involucró para ayudar a su rey. El rey de Siam se enfadó por ello y envió un ejército para capturar a los dos hermanos. Estos huyeron a Longvek ("Lovek" en algunos registros), donde se escondieron en un espeso bosque de bambú. Según la historia, el rey de Siam ordenó a sus hombres que disparasen monedas de plata en el bosque de bambú. Los habitantes de la zona se apresuraron a recoger las monedas, destruyendo el bosque en el proceso. Los hermanos consiguieron huir una vez más, pero al final, el rey de Siam los capturó.

El bosque de la leyenda se refiere al bosque de Ranam, que desempeñó un papel en la guerra siamés-camboyana.

La guerra siamés-camboyana

En 1591, bajo el mando del general Phra Ratcha Manoo, Siam invadió Camboya. El rey Satha I de Camboya y sus hombres tuvieron éxito inicialmente en el bosque de Ranam. Sin embargo, llegaron refuerzos siameses que expulsaron a los camboyanos. Poco después, la ciudadela de Longvek fue sitiada, pero después de tres meses, los siameses se vieron obligados a retirarse.

En 1593, el rey Naresuan de Ayutthaya preparó un nuevo asalto a Camboya después de lidiar con Birmania. Dividió sus fuerzas en cuatro, y todas se reunieron para acabar con Longvek. En enero de 1594, los ejércitos se reunieron y asaltaron la ciudad. El rey Satha huyó a Laos, pero la mayor parte de la familia real camboyana fue retenida como rehén y trasladada a Siam (el reino de Ayutthaya). Mientras estuvieron allí, se mantuvieron bajo la influencia y el control de Siam.

La guerra hispano-camboyana

Los españoles habían mantenido buenas relaciones con el rey Satha I. Sin embargo, a pesar de los acercamientos amistosos, no podían dejar pasar la oportunidad de ampliar su alcance. España estaba muy interesada en difundir el cristianismo en el sudeste asiático y, al ganar la fortaleza de Camboya, tendría un excelente punto de partida para hacerlo. En 1593, España envió una expedición para colocar en el trono a un rey que se alineara con sus intereses. Aunque no se impusieron a la larga, lograron establecer un nuevo rey, Ponhea

Ton, en 1597. Este concedió a los españoles los derechos de dos provincias en las orillas este y oeste del río Mekong.

Desgraciadamente, los españoles utilizaban métodos más brutales para difundir el cristianismo, y los combatientes españoles, portugueses y filipinos atacaron brutalmente algunas residencias malayas de la zona. Los chams, los malayos musulmanes y los camboyanos tomaron represalias masacrando a los españoles, portugueses y filipinos.

En 1599, Camboya quedó bajo el control del reino de Ayutthaya.

Nueva capital

La capital de Camboya se trasladó varias veces durante el periodo posterior a Angkor. Además de los traslados ya mencionados, otros posteriores se produjeron durante la década de 1590 y principios de 1600, después de que los siameses se hicieran con Longvek. Al final, la capital se trasladó a Oudong.

Camboya (Reino Khmer) 1650

https://en.wikipedia.org/wiki/Post-Angkor_Period#/media/File:Vietnam1650.GIF

Capítulo 4 - Período colonial

Entre los siglos XVII y XVIII, Camboya sufrió un declive en su economía, ya que había perdido gran parte de sus costas. Los comerciantes chinos, en su mayoría, los obviaron. Para entonces, sus principales productos para comerciar eran azúcar moreno de baja calidad, laca y pieles de ciervo. Uno de esos comerciantes escribió: «Camboya es un país pobre con un gobierno y unas fuerzas armadas mal organizadas. No hay gente rica».

Para mantener un equilibrio de poder para contener a los siameses, cuya base de poder se estaba extendiendo, el rey de Camboya, Chey Chettha II (r. 1618-1628), se casó con la familia Nguyen de Vietnam. Concedió a los vietnamitas asentamientos en Prey Nokor (la actual ciudad de Ho Chi Minh). Establecieron una aduana en Prey Nokor, que utilizaron para comerciar y recaudar impuestos. Ese fue el inicio de una oleada de inmigrantes vietnamitas en Camboya. En la década de 1690, Camboya, que nunca se había recuperado realmente de su guerra con Ayutthaya, se vio obligada a ceder la zona del delta del Mekong a Vietnam. En 1620, la Compañía Holandesa de las Indias Orientales también estableció relaciones con Camboya, construyendo un puesto de avanzada en Kompong Luong, un puerto cerca de Oudong, tres años después.

Los vietnamitas y los tailandeses en Camboya

En 1636, los miembros más poderosos de la dinastía Nguyen del sur de Vietnam se separaron de los señores Nguyen del norte de Vietnam, anexionándose zonas del sur de la península indochina. Esto cortó el acceso del sur de Camboya al mar y al río Mekong, afectando a su comercio. Para agravar las cosas, muchos de los puertos camboyanos a lo largo del golfo de Siam fueron ocupados por tropas sino-vietnamitas y empresarios privados vietnamitas. Los camboyanos que vivían en esas zonas quedaron aislados del resto de Camboya. Eso despertó mucho resentimiento y sentimientos antivietnamitas. Además, provocó que gran parte de la élite y de los camboyanos reales que vivían allí se polarizaran en líneas protailandesas y provietnamitas. Afectó al apoyo a los candidatos a la realeza camboyana, ya que sus seguidores elegían a los reyes en función de su apoyo a Siam o a Vietnam.

El grave debilitamiento de Camboya dejó un vacío de poder en el delta del Mekong. Así, el reino de Siam (actual Tailandia) se enzarzó en una lucha de poder con el reino Rattanakosin de Dai Viet (actual Vietnam). Los reyes camboyanos se convirtieron en reyes títeres de los dos reinos, y se produjeron varios conflictos en suelo camboyano. Por ejemplo, en 1717, Siam invadió Camboya para ayudar a un rey simpatizante a recuperar el trono. Finalmente, Siam ganó, ya que el rey alineado con Vietnam cambió de bando, haciendo que Vietnam perdiera la soberanía de Camboya.

Esta polarización tendió a debilitar a la realeza camboyana en cuanto a centrar su atención en las amenazas de las naciones extranjeras. Como resultado, en las décadas de 1750 y 1760 se produjeron una serie de golpes y contragolpes de los rivales de la realeza.

En 1767, el reino de Ayutthaya fue conquistado por Birmania. Un soberano tailandés llamado Taksin creó su propio reino. Quería que Camboya le pagara un tributo, que rechazaron, insultando su honor en el proceso. El rey Outey II de Camboya llamó a Taksin «hijo de un comerciante chino y de una plebeya». En 1769, en parte para defender su honor y en parte para poner un nuevo rey en el trono, Taksin invadió Camboya. Aunque consiguió poner a Ang Non II en el trono, sus esfuerzos fracasaron en gran medida.

En 1772, estalló la rebelión de los Tay Son en Vietnam. Esta fue liderada por los hermanos Tay Son: Nguyen Hue, Nguyen Nhac y Nguyen Lu. Los siameses percibieron una oportunidad y decidieron abrirse paso en el país en lucha. En su camino, los siameses atravesaron Angkor y enviaron su armada en varias expediciones, destruyendo varios puertos pequeños a lo largo del golfo de Siam. Incluso quemaron Phnom Penh. Solo siete años después, los tailandeses colocaron al príncipe Ang Eng, de siete años de edad, en el trono camboyano bajo la regencia de un funcionario protailandés.

En 1782, Taksin fue depuesto y sustituido por el ministro de guerra siamés, que hacía campaña en Camboya. Ese mismo año, Ang Eng tuvo que huir a Siam debido a las invasiones Cham. No hubo un sucesor inmediato al trono. En su lugar, un funcionario camboyano, Phraya Yommarat (Baen), se convirtió en el regente, colaborando estrechamente con Siam en el proceso.

Ang Eng fue adoptado por Rama I, el ministro de guerra siamés que asumió el poder después de Taksin. Con el tiempo, Ang Eng regresaría a Camboya y volvería a ocupar el trono en 1794. Sin embargo, no todos estaban contentos con este traslado, ya que disfrutaban de Baen como rey. Para evitar que estallara una guerra civil, Rama I ordenó a Baen que abandonara Oudong, dándole en su lugar la gobernación de Battambang y Siem Reap. En 1796, Ang Eng murió y su hijo de cinco años, Ang Chan II, le sucedió.

La cultura de la Camboya de los siglos XVII y XVIII: Estudio del *Ramayana*

Los camboyanos han sufrido mucho, pero han mantenido vivo su patrimonio y su legado a pesar de las numerosas guerras.

El *Ramayana* es una antigua epopeya sánscrita, apreciada y representada en danza por los camboyanos. Era una vía de escape y una inspiración para ellos; era un medio para mantener vivo su patrimonio. La comparten los pueblos de Tailandia, Malasia, Sri Lanka y otros países del sudeste asiático. Poco se sabe de su autor, Valmiki. La epopeya fue escrita en la India y describe el concepto de un dios que ha tomado forma humana. El héroe, Rama, debe luchar para recuperar a su amor, Sita, secuestrada por un demonio.

A lo largo del poema, se ensalzan las virtudes y fortalezas de Rama, que se presenta como un modelo de vida correcto. Las citas del *Ramayana* sirven para inspirar a sus lectores valor y amor. Por ejemplo, Rama dice: «No tenemos derecho a preguntar cuando llega una pena: "¿Por qué me ha pasado esto?", a menos que nos hagamos la misma pregunta por cada alegría que nos llega».

Rama con Sita y su hermano, Lakshmana, en el bosque
https://upload.wikimedia.org/wikipedia/commons/d/df/
Indischer_Maler_von_1780_001.jpg

El rey tímido

Aunque Ang Chan II era el rey de Camboya, no se le permitió entrar en el país hasta su mayoría de edad en 1806, permaneciendo mientras tanto en Siam. Tuvo que luchar contra sus dos hermanos, Ang Em y Ang Snguon, y también se vio obligado a pagar tributo a Vietnam. Los siameses exigieron que Ang Chan nombrara a sus dos hermanos como corregentes o virreyes, pero Ang Chan se negó. En 1811, con la ayuda de los siameses, Ang Snguon derrocó a su hermano y se hizo con el trono. Ang Chan huyó a Vietnam y, en 1813, los vietnamitas regresaron para devolverle el poder, capturando la capital de Oudong en el proceso. Ang Em y Ang Snguon huyeron a Bangkok. Ang Chan II construyó entonces dos castillos, uno en Phnom Penh y otro en Lvea Aem, donde se instaló el grueso de su ejército. Mil soldados fueron destinados a proteger al rey Ang Chan en Phnom Penh.

Durante su segundo reinado, Camboya era un estado vasallo de Vietnam y Siam. El emperador Gia Long de Vietnam dijo: «Camboya es un país pequeño y debemos mantenerlo como un niño. Seremos su madre, su padre será Siam».

Parece que Ang Chan II fue citado en contadas ocasiones, y no se ha conservado ninguno de sus escritos. Él era, en esencia, un actor sin líneas. Ang Chan era tímido, lo que explicaría su silencio en los anales. Se decía de él que «un viento fresco o el grito de un pájaro podían hacerle huir». Un texto vietnamita afirma que Ang Chan estaba enfermo la mayor parte del tiempo, lo que también podría explicar su silencio.

La guerra siamés-vietnamita de 1831-1834

Camboya estaba atrapada entre dos grandes fuerzas: Tailandia y Vietnam. Y aunque las cosas se habían mantenido algo civiles, esa situación no podía durar para siempre. Camboya tenía el control del delta del Mekong, lo que le otorgaba el comercio que se derivaba del comercio marítimo. En 1832, bajo el mando del general Bodindecha, los siameses intentaron conquistar la zona sur de Vietnam, junto con Camboya también. El rey camboyano huyó de la capital, dirigiéndose a Vietnam en busca de seguridad. Para que las tropas siamesas llegaran a la capital de Vietnam, tuvieron que avanzar por el río Bassac hacia el delta del Mekong. En el canal Vam Nao, situado entre los ríos Hau y Tien, las flotas siamesas y vietnamitas se encontraron a principios de 1833. Inicialmente, los barcos siameses se impusieron, pero los vietnamitas lanzaron un contraataque masivo por tierra. Bodindecha desembarcó entonces sus tropas. Los siameses pronto se retiraron, al igual que los vietnamitas.

Los siameses se dirigieron entonces hacia el canal de Vinh Te. Sin embargo, era demasiado poco profundo, así que intentaron que las galeras fueran arrastradas por elefantes hasta Kampot, una ciudad de Camboya. Sin embargo, los camboyanos se rebelaron y mataron a los cuidadores de elefantes, quedándose con ellos y retirándose. Mientras tanto, los vietnamitas seguían atacando a las fuerzas siamesas. El general Bodindecha ordenó a los dos príncipes camboyanos, Ang Em y Ang Snguon, que quemaran Phnom Penh y se llevaran a los habitantes a la ciudad de Battambang. Sin embargo, los camboyanos se rebelaron, obligando a los siameses y a los dos príncipes a retirarse a Siam.

Los siameses volvieron a intentar apoderarse de las comunidades camboyanas controladas por los vietnamitas. Por desgracia para ellos, perdieron, aunque Battambang siguió bajo el control de Siam. Al final de la guerra, el campo camboyano estaba devastado y los vietnamitas controlaban la mayor parte del territorio de Camboya.

La sucesión real

Como los camboyanos habían sido capaces de preservar su cultura, el emperador Minh Mang de Vietnam nombró al general Truong Minh Giang para "vietnamizar" Camboya. Vietnam quería que los camboyanos sirvieran en el ejército vietnamita, y también quería "reformar" sus costumbres, que consideraba bárbaras. El emperador dijo: «Los bárbaros [camboyanos] se han convertido en mis hijos ahora... El pueblo no tiene conocimientos de agricultura [avanzada], y utiliza picos y azadas, en lugar de bueyes. Cultivan suficiente arroz para dos comidas al día, pero no almacenan ningún excedente».

Los vietnamitas se quejaban de que los camboyanos llevaban túnicas sin aberturas a los lados y comían con los dedos. Sin embargo, los camboyanos se resentían de estas políticas, y hubo pequeñas revueltas contra los vietnamitas, que empezaron a estallar en 1836 y se sucedieron a lo largo de los años.

En 1835, la reina Ang Mey sucedió en el trono. No era la hija mayor de Ang Chan, pero era la preferida por los vietnamitas que la instalaron. En 1840, su hermana mayor, la princesa Baen, intentó escapar a Battambang. Fue detenida, junto con la reina Ang Mey y sus otras hermanas, y posteriormente fueron deportadas a Vietnam. La princesa Baen murió ahogada, posiblemente torturada antes. Se produjeron disturbios, no solo por su muerte, sino también por la eliminación de su reina. Según un informe vietnamita: «los rebeldes han establecido puestos a lo largo de las orillas del río en puntos estratégicos. Aparecen y desaparecen a voluntad. Si nuestras tropas miran hacia el este, los rebeldes escapan hacia el oeste... Concentran sus fuerzas donde la selva es espesa, y en zonas pantanosas donde nuestras tropas no pueden maniobrar». Siam aprovechó la oportunidad para invadir Camboya e instalar un gobernante títere. Para ayudar a contrarrestar la rebelión y poder centrar sus esfuerzos en Siam, Vietnam restituyó a la reina Mey durante un breve periodo de tiempo. Sin embargo, Ang Duong afirmó que tenía derecho al trono y, al estar respaldado por Siam, suponía una gran amenaza para Ang Mey. Era hijo del anterior rey, Ang Eng, que gobernó a finales del siglo XVIII.

La guerra siamés-vietnamita de 1841-1845

El príncipe Ang Duong apoyó a Siam contra Vietnam cuando ambos países intentaban establecer su dominio sobre Camboya. Las campañas militares comenzaron cuando el general Bodindecha, que había dirigido a los siameses en la guerra anterior, sitió Pursat, una comunidad camboyana controlada por Vietnam. Allí logró establecer una rendición pacífica. Poco después, el emperador Minh Mang de Vietnam sufrió un accidente mortal, y el nuevo emperador vietnamita, Thieu Tri, decidió ordenar una retirada en lugar de enfrentarse a los siameses. Hizo que sus fuerzas se retiraran a la provincia de An Giang, en el delta del Mekong, en ese mes de octubre. Mientras tanto, Vietnam se había llevado al príncipe camboyano Ang Em para unir a los camboyanos a la causa vietnamita. Sin embargo, los siameses ayudaron a Ang Duong a conseguir el trono, matando a los vietnamitas que encontraban en su camino. Los siameses continuaron estableciendo su control y eliminando la influencia vietnamita durante el resto de 1841.

Entre 1842 y 1843, las enfermedades y el hambre hicieron estragos en toda Camboya, y los combates cesaron esencialmente durante ese tiempo. Camboya se vio muy perjudicada por estos conflictos, y empezaron a discutir entre ellos, diciendo que debían cambiar de bando y alinearse con Vietnam. En 1845, Ang Duong hizo ejecutar a los simpatizantes de Vietnam. Después de esto, los ejércitos empezaron a hacer movimientos importantes de nuevo. Se produjo una ofensiva vietnamita que obligó a Bodindecha a marchar y defender Oudong. Después de que siameses y vietnamitas se enzarzaran en pequeñas batallas al norte y al sur de Oudong, decidieron negociar.

Ang Duong tardó un poco en aceptar la soberanía vietnamita, pero finalmente lo hizo, lo que permitió llegar a un acuerdo en 1847. Este acuerdo otorgaba a Siam y a Vietnam el dominio conjunto de Camboya, y Ang Duong tenía que enviar tributos tanto a Vietnam como a Siam.

El protectorado francés

Camboya estuvo en paz durante el resto del reinado de Ang Duong, pero fue una paz tenue. Ang Duong anhelaba en secreto un futuro en el que el pueblo camboyano ya no se viera envuelto en estas guerras. Camboya necesitaba una potencia más fuerte, que pudiera mantener a raya a sus eternos enemigos. Por ello, Ang negoció con el emperador Napoleón III para conseguir la protección francesa para su país. Su sucesor, el rey Norodom Prohmbarirak, siguió con los franceses. En 1862, Francia estableció una colonia en Cochinchina (el actual Vietnam), y el gobernador de Cochinchina se dio cuenta de que, para expandir su poder, necesitaba a Camboya, lo que ayudó a impulsar las negociaciones. En 1863, Francia estableció Camboya como un protectorado, permitiendo la permanencia de la monarquía, pero tomando la mayor parte del poder (como el comercio y las relaciones exteriores) para sí misma. Phnom Penh fue el centro del poder, convirtiéndose en la capital de Camboya en 1866.

En virtud del tratado que firmó el rey Norodom, Francia aceptó ofrecer a Camboya protección a cambio de concesiones madereras y derechos de exploración de minerales. Al rey Norodom se le permitió permanecer en la residencia real de Phnom Penh, pero el poder quedó en su mayor parte en manos del gobernador general francés. Con el tiempo, Siam aceptó esta medida, ya que se le concedió el control continuado de la ciudad de Angkor y el nuevo control sobre la provincia de Battambang. En 1887, dado que Camboya formaba parte de la gran Indochina francesa, el gobernador general gobernaba desde la ciudad de Saigón y posteriormente se trasladó a Hanói, ambas situadas en Vietnam. También se nombró a un general residente, que era asistido por los gobernadores locales de Camboya. Ocasionalmente estallaron revueltas contra el consentimiento del rey al dominio francés, pero fueron sofocadas rápidamente por el gobierno francés.

Los franceses también querían que Norodom ayudara a pagar los costes del protectorado francés mediante impuestos sobre la venta de opio y licor. En la década de 1880, los franceses reforzaron su control sobre la corte camboyana, ya que querían que Camboya cambiara algunas de sus costumbres tradicionales y tuviera un control más firme de su economía, pero los camboyanos se resistieron.

Norodom designó a su hijo, también llamado Norodom, como heredero. Sin embargo, tuvo un desacuerdo con los franceses y, cuando el rey Norodom falleció en 1904, el trono pasó a su hermanastro, Sisowath, en su lugar. Sisowath apoyó a los franceses, que le pagaron con la misma moneda, construyendo un nuevo palacio y concediéndole una gran ración de opio cada año.

Desde que los franceses introdujeron reformas, como la reducción de los poderes del rey y la abolición de la esclavitud, el rey se convirtió en una mera figura decorativa.

Revuelta camboyana

No todos los camboyanos estaban de acuerdo con estas acciones francesas, ya que consideraban que los franceses los invadían y les imponían sus propias ideas. En 1885, antes de la muerte de Norodom, algunos camboyanos se rebelaron bajo el mando del otro hermanastro de Norodom, Si Votha. Los franceses se negaron a ayudar en un principio, ya que consideraron que esto era una ventaja perfecta para conseguir que Norodom firmara nuevas reformas. Finalmente, Norodom firmó y los franceses ayudaron a sofocar la rebelión.

Reorganización del gobierno

En 1896, Gran Bretaña, que controlaba la cercana Birmania y la Malasia británica, y Francia firmaron un acuerdo de esfera de influencia en relación con la península de Indochina, especialmente el reino de Siam. En virtud de ese acuerdo, Siam cedió Battambang a Camboya.

Aunque la soberanía camboyana en sí quedó intacta, los franceses ganaron aún más control. Camboya se consideraba un país generador de ingresos. Sin embargo, la corrupción era rampante y el bandolerismo era común. Aunque los camboyanos pagaban impuestos elevados, los censos fiscales estaban falseados y las cosechas de arroz se subestimaban. Los funcionarios franceses recibían salarios elevados mientras el pueblo tenía problemas para llegar a fin de mes. Por supuesto, esto solo aumentó el resentimiento de los camboyanos hacia los franceses.

Economía

Camboya pagaba impuestos más altos que las demás colonias francesas del sudeste asiático. Su economía se basaba en el arroz y los pimientos. Cuando llegaron los inversores franceses, crearon una industria automovilística. Los grupos minoritarios se encargaban del trabajo industrial y comercial. Algunos eran inmigrantes de Champa. Los kui (o kuy), procedentes de las actuales Tailandia y Laos, fundían el mineral de hierro en el norte. El comercio rural funcionaba mediante el sistema de trueque, y se construyó un importante ferrocarril que conectaba Phnom Penh y Battambang en la frontera con Siam.

Bajo los franceses, se introdujeron técnicas agrícolas más modernas, y los empresarios coloniales obtuvieron concesiones en la provincia de Battambang. También se cultivó algodón y maíz. Se establecieron plantaciones de caucho dirigidas por inversores franceses. Sin embargo, los puestos de trabajo en esas plantaciones se daban a los vietnamitas en lugar de a los camboyanos. Se discriminaba a los camboyanos, lo que les impedía ocupar puestos de alto nivel. Estos estaban reservados a los franceses.

Capítulo 5 - Guerra y política

Las protestas de 1916

Camboya no desempeñó un papel directo en la Primera Guerra Mundial, que duró de 1914 a 1918. Sin embargo, sí desempeñó un papel indirecto, ya que Francia utilizó sus territorios del sudeste asiático para ayudar a financiar los esfuerzos de guerra. A finales de 1915, 300 campesinos que trabajaban cerca de Phnom Penh se reunieron con el rey Sisowath para pedirle una reducción de impuestos, añadiendo que querían que los impuestos fueran recaudados por camboyanos, no por funcionarios franceses. Sisowath solo les dio un reconocimiento nominal. Cada vez se sumaron más personas y marcharon hacia el palacio. La policía francesa calculó que participaron miles de personas, y los franceses que residían allí también denunciaron violencia.

La diferencia de ingresos entre los camboyanos y los funcionarios franceses era amplia. También los comerciantes chinos se beneficiaban de los ingresos de Camboya. Las protestas se calmaron un poco cuando el rey camboyano recorrió las provincias y tranquilizó a la población. Entre 1918 y 1919, hubo muy malas cosechas e incluso hambruna en todo el campo. A pesar de ello, los funcionarios franceses y los comerciantes chinos siguieron obteniendo beneficios. Los servicios médicos eran muy pobres, y la electricidad y el agua corriente eran casi desconocidos fuera de Phnom Penh.

El asesinato del general residente

Felix Louis Bardez era el general residente de Camboya en 1923. Era muy ambicioso y observó que los ingresos fiscales disminuían sucesivamente, por lo que reorganizó el sistema de recaudación de impuestos y lo supervisó directamente en ocasiones. Bardez se empeñó en encontrar casos en los que se habían manipulado los libros y se habían hecho concesiones a los procedimientos de recaudación de impuestos.

Una vez que sus superiores constataron su actividad, fue trasladado a otra provincia en la que la recaudación de impuestos había sido menor de lo esperado. Nada más llegar, se impuso un nuevo impuesto a la población para pagar la construcción de un complejo turístico en la montaña para los funcionarios franceses. Cuando un funcionario camboyano intentó cobrar los impuestos en 1925, fue duramente golpeado por los habitantes del pueblo.

Ese mismo año, Bardez, junto con su intérprete y milicianos camboyanos, visitó un pueblo donde había contribuyentes morosos. La comitiva fue atacada por una treintena de personas, y Bardez y su intérprete fueron golpeados hasta la muerte. Sus cuerpos fueron luego mutilados.

La multitud comenzó a reunirse, sobre todo los que habían ido a escuchar el discurso del general residente. Organizaron una marcha, exigiendo una remisión de sus impuestos, pero fueron reprimidos cuando llegaron más tropas y dispersaron a la multitud.

Se celebró un juicio en Phnom Penh, pero los altos funcionarios trataron de bloquear las pruebas que demostraban que los camboyanos pagaban impuestos per cápita muy elevados. Los funcionarios franceses interfirieron con el abogado defensor; por ejemplo, el té del abogado defensor fue envenenado, y el taquígrafo del tribunal fue trasladado a otro distrito. Se interrogó a más de 200 personas. Al final, el principal sospechoso, Neou, fue abatido al resistirse al arresto, y Chuon, su compañero, fue condenado a muerte, pero solo después de haber pasado mucho tiempo. La defensa adoptó la postura de que todo el pueblo tenía la culpa, ya que habían sido provocados por un sistema injusto y por el comportamiento extremo del general residente Bardez, quien, entre otras cosas, rechazó la petición de los presos de almorzar el día de su muerte.

Tras el juicio, se aprobó una ordenanza real en la que se declaraba culpable a todo el pueblo.

Mejoras internas

Entre 1928 y 1932 se construyó un ferrocarril en Camboya, lo que impulsó la inmigración china y vietnamita. Los vietnamitas buscaron empleo en el sector urbano, lo cual permitió el crecimiento de las ciudades.

La Gran Depresión afectó a Camboya, al igual que a gran parte del mundo, durante la década de 1930, y el precio del arroz cayó en picado. La recaudación de impuestos también cayó. Al final de la Depresión, el crecimiento del maíz aumentó considerablemente.

En 1939, Siam pasó a llamarse "Tailandia" y, unos años más tarde, se hizo con un segmento del noroeste de Camboya. Se opusieron al regreso de los franceses y formaron varios movimientos independentistas. Uno de ellos se autodenominó Khmer Issarak, que significa "Khmer libre", y que desempeñaría un papel importante en la historia de Camboya una vez finalizada la Segunda Guerra Mundial.

La Segunda Guerra Mundial

En 1941, un año después de que Francia cayera ante los alemanes en la Segunda Guerra Mundial, el ejército imperial japonés entró en Camboya. Establecieron guarniciones allí, pero permitieron que los funcionarios franceses permanecieran. En ese momento, Francia operaba bajo la Francia de Vichy, que estaba esencialmente controlada por las potencias del Eje. En 1945, un año después de la liberación de Francia, Japón derrocó el dominio francés en Indochina. Los japoneses animaron al actual rey de Camboya, Norodom Sihanouk, a proclamar la independencia. En lugar de llamar a su reino como Camboya, lo llamó "Kampuchea". Japón ratificó inmediatamente la independencia de Camboya, estableciendo un consulado en la capital. A cambio, Sihanouk se deshizo de los tratados anteriores hechos con Francia y creó una alianza con Japón.

Al final de la Segunda Guerra Mundial, en agosto de 1945, Japón se rindió y los militares aliados entraron en Indochina. Son Ngoc Thanh, antiguo ministro de Asuntos Exteriores, se convirtió en el nuevo primer ministro. En octubre de ese año, las autoridades francesas regresaron. Arrestaron a Son Ngoc Thanh por colaborar con los japoneses y lo exiliaron a Francia. Muchos de sus partidarios se unieron al Khmer Issarak, ya que creían en la visión de Son Ngoc Thanh de un gobierno sin dominio colonial.

Primeros partidos políticos

En Phnom Penh, Norodom Sihanouk actuó como jefe de Estado y negoció con Francia la independencia, mientras vigilaba los movimientos independentistas, que amenazaban con desembocar en una guerra civil. En 1946, Francia permitió que se formaran partidos políticos en Camboya y que se comenzara a redactar una constitución. Estos partidos eran el Partido Democrático, dirigido por el príncipe Sisowath Yuthevong, y el Partido Liberal, encabezado por el príncipe Norodom Norindeth. El príncipe Yuthevong era partidario del tipo de democracia que se practicaba en Francia, que era la preferida por los miembros más jóvenes de la burocracia. También eran partidarios del movimiento Khmer Issarak. El efímero Partido Liberal estaba compuesto en su mayoría por miembros de edad avanzada y terratenientes que querían preservar el statu quo e introducir lentamente medidas democráticas.

Los demócratas obtuvieron la mayoría de los escaños en la Asamblea Consultiva, que ayudaría a guiar la redacción de la nueva constitución, pero se encontraron con la férrea oposición de

Sihanouk. El propio Sihanouk prefería el Partido Liberal, ya que le daría más poder. Camboya también estaba amenazada por los extremistas de Vietnam, concretamente Ho Chi Minh y sus seguidores, por lo que Sihanouk no quería expulsar a los franceses precipitadamente. Sin embargo, Sihanouk sabía que se encontraba en una posición delicada, ya que era una época tumultuosa. Se dio cuenta de que enfadar al partido mayoritario no le iba a favorecer a largo plazo. Aceptó la constitución, que reducía su papel al de un monarca constitucional. Sin embargo, el documento no definía claramente su papel, lo que más tarde convertiría en una ventaja.

La primera guerra de Indochina (1946-1954)

En 1946, Francia emprendió una guerra para mantener su control sobre Indochina, que incluía Camboya, Laos y Vietnam. Francia contaba con la oposición de Vietnam, en concreto del Viet Minh, la organización que agrupa a Ho Chi Minh; el Khmer Issarak, que había estado ocupando sectores del noroeste de Camboya; el Pathet Lao, un grupo comunista de Laos; y el Lao Issara, una organización no comunista. Las fuerzas francesas incluían tropas de Camboya, Vietnam controlado por Francia y Laos, así como tropas mercenarias de otras colonias francesas.

Aunque los camboyanos lucharon en la guerra, la mayoría de los combates tuvieron lugar en Vietnam. Sin embargo, hubo varios acontecimientos que tuvieron un gran impacto en el país. En 1950, Son Ngoc Minh, el líder del Frente Unido Issarak, formado en su mayoría por miembros del recién creado Partido Comunista de Indochina, declaró la independencia de Camboya, ya que su grupo controlaba casi un tercio del país. En 1954, se supone que el Frente Unido Issarak controlaba la mitad de Camboya.

Mientras tanto, el rey Sihanouk encontró en la guerra la oportunidad perfecta para ejercer su poder. En 1952, Sihanouk pronunció un decidido discurso, diciendo: «Todo es desorden. La jerarquía ya no existe. No hay un empleo racional del talento». A continuación, dio un golpe de estado a su propio gobierno para deshacerse del gabinete, que estaba controlado por los demócratas. Contrató mercenarios marroquíes para rodear la Asamblea Nacional y destituyó a los demócratas. Sihanouk suspendió la constitución y se nombró a sí mismo primer ministro, prometiendo llevar la independencia total a Camboya en tres años.

Rey Norodom Sihanouk

https://en.wikipedia.org/wiki/History_of_Cambodia#/media/ File:Norodom_Sihanouk_1941.jpg

Los estudiantes camboyanos radicales de izquierda que estudiaban en Francia redactaron un manifiesto en el que pedían la abdicación de Sihanouk y le acusaban de colaborar con los franceses. Uno de los principales líderes de ese grupo era Saloth Sar, también conocido como Pol Pot, que llegaría a ser muy influyente en la futura política camboyana, por decirlo suavemente.

En enero de 1953, la Asamblea Nacional no aprobó el presupuesto de Sihanouk, y este declaró la ley marcial, arrestando a algunos miembros demócratas en el proceso. Se dio cuenta de que, con las tensiones en el país, necesitaba mantener un control muy firme de su poder. Justificó esta medida ante un periodista diciendo: «Soy el gobernante natural del país... y mi autoridad nunca ha sido cuestionada».

En febrero de 1953, Sihanouk viajó a Francia. Se puso en contacto con el anciano presidente francés, Vincent Auriol, ya que Sihanouk quería que Francia fuera un futuro aliado tras la independencia de Camboya, y también quería apoyo contra las maquinaciones del Partido Comunista de Kampuchea. Sin embargo, Auriol era relativamente impotente, y también consideraba alarmante el llamamiento de Sihanouk. Sihanouk fue entonces a Canadá y a Estados Unidos para dar a conocer las dificultades de Camboya para expulsar a los franceses.

En octubre de 1953, los franceses habían concedido a Sihanouk autoridad sobre las fuerzas armadas, los asuntos exteriores y el sistema judicial. El 9 de noviembre de 1953, Sihanouk cumplió su promesa de plena independencia.

Fin del dominio colonial francés

En 1953, el periodo colonial francés terminó, ya que Camboya obtuvo su independencia. La primera guerra de Indochina no terminaría hasta el año siguiente, y las bajas fueron devastadoras. Se calcula que unos 134.500 soldados franceses y sus aliados murieron o fueron declarados desaparecidos. Las bajas del Viet Minh son más difíciles de estimar, ya que existen dos cifras para ellas. Según los historiadores occidentales, entre 175.000 y 300.000 vietnamitas murieron o desaparecieron, mientras que las fuentes vietnamitas dicen que fueron más bien 191.000.

La guerra se resolvió con la Conferencia de Ginebra. Esa conferencia dividió a Vietnam en dos sectores: Vietnam del Norte, que sería controlado por el Viet Minh, y Vietnam del Sur, que sería controlado por el gobierno dinástico de los Nguyen bajo Bao Dai hasta que se pudiera establecer un gobierno democrático. También se concedió a Laos la plena independencia, al igual que a Camboya.

Sihanouk marchó triunfante a Phnom Penh, haciéndose muy popular entre el pueblo.

Nuevos partidos políticos: Elecciones de 1955

Fueron las primeras elecciones tras el reconocimiento internacional de la independencia del país, y en ellas participaron muchos partidos diferentes.

El Krom Pracheachon se fundó en 1954, y declaró una plataforma socialista. Pol Pot participó en su fundación, y era esencialmente una fachada del Partido Comunista de Kampuchea. Solo obtuvo un 4% de los votos.

En 1955, Norodom Sihanouk abdicó repentinamente en favor de su padre, Norodom Suramarit. Entonces fundó el Sangkum Reastr Niyum (típicamente traducido como "Comunidad Socialista del Pueblo"). Como era de esperar, era un partido pro Sihanouk, que abogaba por un estilo de gobierno más conservador. Les fue asombrosamente bien, obteniendo casi el 83 por ciento de los votos.

El Partido Democrático seguía existiendo, pero con menos miembros que antes. Aun así, fue el segundo mejor en las elecciones, obteniendo el 12 por ciento de los votos.

Antes de las elecciones generales de 1955, se cerraron varios periódicos críticos con Sihanouk. Los candidatos del Pracheachon fueron acosados y desaparecieron urnas que probablemente contenían papeletas demócratas. Sihanouk admitió más tarde que hubo fraude, principalmente en zonas donde el Pracheachon habría obtenido buenos resultados. El partido de Sihanouk se mantendría en el poder hasta 1970, dominando la escena política de Camboya durante quince años.

Camboya durante la guerra de Vietnam

Durante esta época, los sectores orientales de Camboya fueron refugio de las fuerzas procomunistas del ejército norvietnamita y del Frente de Liberación Nacional, también procomunista. La política interna de Camboya se polarizó y creció la oposición al gobierno camboyano. El clandestino Partido Comunista de Kampuchea, dirigido principalmente por Pol Pot, salió de la clandestinidad. Sihanouk los llamaba los "jemeres rojos".

La guerra de Vietnam, también conocida como la segunda guerra de Indochina, estalló en Vietnam en noviembre de 1955, aunque los conflictos en el país habían estado presentes mucho antes. Ambos bandos querían un Vietnam unificado, pero querían un Vietnam con su estilo de gobierno y sus creencias. El Viet Cong de Vietnam del Norte inició una guerra de guerrillas en el Vietnam del Sur democrático, que estaba dirigido por el presidente Ngo Dinh Diem, cuyo principal aliado era Estados Unidos, aunque otros países participaron en ambos bandos. Camboya se declaró neutral, pero con el tiempo la guerra se desbordaría, afectando a otras naciones del Sudeste.

En las elecciones de 1958, solo había dos partidos: El partido de Sihanouk, el Sangkum, y el Pracheachon. En cuanto a este último partido, todos menos uno se retiraron antes de las elecciones debido a la represión policial.

En abril de 1960, el padre de Sihanouk murió, y Sihanouk se hizo declarar "jefe de Estado", mientras su madre, la reina Kossamak, ejercía de monarca ceremonial.

Hacia finales de la década de 1960, la economía de Camboya se tambaleó. Gran parte de la cosecha de arroz se había vendido ilegalmente a los soldados norvietnamitas, por lo que se ordenó a los soldados camboyanos confiscarla y almacenarla en los depósitos del gobierno. El rendimiento de las cosechas de arroz y algodón fue bajo, lo que se agravó por los altos intereses que se cobraban por los préstamos a los agricultores. Esto creó malestar y desencadenó disturbios. En 1967, estalló una revuelta a gran escala en Battambang. Sihanouk estaba en Francia en ese momento, por lo que su primer ministro, Lon Nol, declaró la ley marcial. Supuestamente, se ofreció a la policía nacional una recompensa por cada cabeza rebelde o izquierdista que enviaran a la capital. Aunque esto puede ser ficción, ayuda a mostrar cómo la gente veía los métodos de Lon Nol, ya que eran increíblemente duros.

En 1968, Lon Nol dimitió debido a un accidente de coche que había sufrido, aunque es posible que sus acciones influyeran en su abrupta salida. Lon Nol volvería a ser primer ministro en 1969. Tras la marcha de Lon Nol, Sihanouk nombró a algunos izquierdistas en puestos del gobierno, en un débil intento de mostrar cierto apoyo al movimiento de izquierdas.

Ascenso de los Jemeres Rojos

Durante la década de 1960, los Comunistas Jemeres Rojos (CPK) crearon gradualmente un ejército, que más tarde se transformó en el Ejército Revolucionario de Kampuchea. Sin embargo, los seguidores de los jemeres rojos eran pocos en esta etapa inicial, entre 4.000 y 5.000 hombres, pero eran ferozmente nacionalistas. No tenían ningún interés en alinearse con Vietnam del Norte. Cuando Sihanouk restauró a Lon Nol en el poder, este le sugirió que estableciera relaciones con Estados Unidos, y así lo hizo.

Las campañas de bombardeo

Como el Viet Cong albergaba tropas a menos de veinte millas de la frontera camboyano-vietnamita, Estados Unidos inició una campaña de bombardeos llamada Operación Patio y Operación Menú contra las bases del Viet Cong en el este de Camboya en 1969 y 1970. Estados Unidos la respaldó con una ofensiva terrestre, en la que participaron tanto tropas estadounidenses como survietnamitas. En 1970, el presidente estadounidense Richard Nixon anunció la entrada de tropas norteamericanas en Camboya, aunque lo hizo cuando ya estaban adentro. Esas campañas se hicieron en apoyo de las Fuerzas Armadas Nacionales Jemeres (FANK) de Lon Nol. Una vez que los estadounidenses y los survietnamitas se marcharon, las FANK fueron atacadas por el Viet Cong y los jemeres rojos. Por ello, Estados Unidos reanudó sus ataques con la Operación Trato de Libertad, de la que se hablará más a fondo en el próximo capítulo.

Sihanouk denunció públicamente los bombardeos, pero más tarde Peter Rodman, un funcionario del gobierno estadounidense, reveló que «el príncipe Sihanouk se quejó amargamente ante nosotros de estas bases norvietnamitas en su país y nos invitó a atacarlas». El presidente estadounidense Lyndon B. Johnson escuchó lo mismo de su emisario en Camboya en 1968.

Hasta el día de hoy, los historiadores discuten si Estados Unidos recibió realmente la aprobación de Sihanouk. En cualquier caso, el daño ya estaba hecho. De hecho, una de las razones del surgimiento de los jemeres rojos fue la extrema antipatía que sentían por Estados Unidos por haber llevado la guerra de Vietnam a Camboya. Esto provocó un gran sentimiento anti Sihanouk y dio lugar a una purga de moderados, incluso de comunistas moderados.

Capítulo 6 - La guerra civil de Camboya

El golpe de Estado

A finales de la década de 1960, Sihanouk descubrió que la China comunista apoyaba al Partido Comunista en Camboya y amenazó con cerrar la embajada china debido a la propaganda comunista que esta distribuía. Zhou Enlai prometió a Sihanouk que todo el material futuro se enviaría primero al Ministerio de Información de Camboya. Fue una promesa débil, pero calmó a Sihanouk lo suficiente, y permitió que la embajada siguiera abierta.

En 1968, los jemeres rojos lanzaron su primer asalto, iniciando la guerra civil de Camboya. Se hablará más de esto en la siguiente sección, pero es importante señalarlo aquí, ya que Camboya estuvo plagada de incursiones de los jemeres rojos además de los siguientes acontecimientos.

Sihanouk construyó dos casinos en 1969, y los camboyanos, desesperados por el dinero, perdieron miles de dólares en las mesas de juego, lo que provocó un mayor índice de quiebras y suicidios. A principios de 1970, Sihanouk se fue de nuevo de viaje a Europa.

Cuando regresó a su país, lo encontró sumido en el más absoluto caos.

Sihanouk había tenido problemas médicos a finales de 1969, y nombró a Sisowath Sirik Matak como viceprimer ministro. Cuando se marchó en octubre para recibir tratamiento, Sirik Matak se extralimitó, diciendo a los embajadores que se pusieran en contacto con Lon Nol, el primer ministro, en lugar de con Sihanouk, además de cerrar los casinos y privatizar los bancos. Cuando Sirik Matak fue a Hanói, en Vietnam del Norte, para que cerraran sus bases en Camboya, se horrorizó al descubrir que Sihanouk había aceptado albergar esas bases comunistas dentro de las fronteras camboyanas. No solo eso, sino que Sihanouk había accedido a abrir el puerto de Sihanoukville (que lleva su nombre), que utilizaba para el envío de armas para la guerra de Vietnam. A cambio, Hanói aceptó comprar arroz a precios inflados. La economía camboyana se tambaleaba en ese momento, por lo que Sihanouk lo vio como un beneficio, pero estas actividades eran aborrecibles para Sirik Matak.

En marzo de 1970, de vuelta en Camboya, hubo manifestaciones masivas en Phnom Penh contra los norvietnamitas. Las embajadas de Vietnam del Norte y del Viet Cong en Camboya fueron saqueadas. Lon Nol intervino, cerrando el puerto de Sihanoukville a Vietnam del Norte y exigiendo que todo el Viet Cong presente en el norte de Camboya se fuera antes del 15 de marzo de ese año. Como era de esperar, eso no ocurrió. En la mañana del 16 de marzo, miles de jóvenes camboyanos se reunieron en torno a la Asamblea Nacional, clamando por acción. Ese mismo día, la Asamblea Nacional estaba reunida para considerar los cargos de corrupción contra el coronel Oum Mannorine, secretario de Defensa y cuñado de Sihanouk. Mientras tanto, Sihanouk había abandonado Europa y se dirigía a posibles aliados para obtener más apoyo en lugar de volver a casa para sofocar los disturbios.

Según Sihanouk, Oum Mannorine no había hecho nada malo. Había oído decir que Lon Nol y Sirik Matak estaban planeando un golpe de estado y había intentado detenerlos. Es posible que esto fuera cierto, ya que Oum y todos los hombres de seguridad leales a Sihanouk fueron puestos bajo arresto domiciliario. Sirik Matak convenció finalmente a Lon Nol para que destituyera a Sihanouk como primer ministro. Aun así, Lon Nol se mostró muy reacio a hacerlo y, supuestamente, Sirik Matak hizo que tres soldados armados se mantuvieran a la espera mientras Lon Nol firmaba los documentos que aprobaban el golpe.

El 18 de marzo, la Asamblea Nacional se reunió para discutir la cuestión. Finalmente, todos los miembros de la Asamblea, excepto uno, votaron a favor de invocar el artículo 122 de la Constitución camboyana, que era el voto de censura. Lon Nol asumió el cargo de primer ministro en funciones. Aunque esto fue, en esencia, un golpe de estado, se hizo de forma bastante pacífica y de acuerdo con la ley, en lugar de mediante asesinatos y violencia. También sentó las bases de la futura República Jemer.

Se pidió a la madre de Sihanouk, la reina Kossamak, que abandonara el palacio. Así lo hizo, uniéndose a Sihanouk, que en ese momento se encontraba en Pekín, el corazón de la China comunista. En julio, el gobierno de Lon Nol celebró un juicio militar y condenó a Sihanouk por traición. Lo condenaron a muerte en ausencia.

Lon Nol, futuro presidente de la República Jemer
https://en.wikipedia.org/wiki/List_of_prime_ministers_of_Cambodia#/media/File:LonNol.jpg

Durante su estancia en China, Zhou Enlai aseguró a Sihanouk que China seguía reconociéndolo como jefe de Camboya. Prometió ayuda militar para luchar contra el recién formado gobierno camboyano de Lon Nol. Sihanouk anunció la formación de este movimiento de resistencia en marzo de 1970, al que llamó Frente Nacional Unido de Kampuchea (FUNK), y apoyó a los jemeres rojos, con la esperanza de que su fuerte base en el país impulsara su regreso al trono. Los soldados jemeres lo aprobaron, manifestándose en varias partes del país. Además, Sihanouk hizo un apasionado anuncio a través de la radio de Pekín para que los camboyanos se rebelaran contra el golpe. Sus partidarios se rebelaron violentamente en varias provincias y en Kompong Cham, una ciudad del delta del Mekong. Dos diputados de la Asamblea Nacional fueron asesinados. Las manifestaciones fueron aplastadas por el ejército regular camboyano, que mató a varios centenares y detuvo a miles de personas.

En mayo, Sihanouk formó un gobierno en el exilio con sede en Pekín, al que llamó Gobierno Real de la Unión Nacional de Kampuchea (GRUNK). Numerosos países comunistas se pusieron del lado del GRUNK, dejando a Lon Nol en una situación difícil. Sihanouk, que había pasado las últimas décadas luchando contra los comunistas, estaba ahora firmemente de su lado.

En octubre de 1970, Lon Nol estableció formalmente la República Jemer, con él como primer ministro. Estados Unidos proporcionó ayuda a las fuerzas militares del nuevo gobierno. Lon Nol hizo un llamamiento a las Naciones Unidas para obtener apoyo para su nuevo gobierno, manteniendo su neutralidad en la guerra de Vietnam. Denunció la injerencia «de las fuerzas extranjeras, vengan del campo que vengan».

La guerra civil de Camboya (enero de 1968-abril de 1975)

En abril de 1970, Estados Unidos y Vietnam del Sur, para apoyar sus esfuerzos en la guerra de Vietnam, iniciaron la campaña camboyana con la ayuda del Ejército Real de Camboya. Comenzaron por desmantelar una serie de instalaciones logísticas vietnamitas en Camboya, pero muchas de ellas ya habían sido reubicadas en el interior del país y escaparon a la vista.

En marzo de 1970, el líder de los jemeres rojos, Nuon Chea, pidió que los norvietnamitas intercedieran y pusieran fin a los esfuerzos del ejército camboyano. Debido a las protestas en Estados Unidos, sus tropas se retiraron, pero siguieron prestando cierto apoyo, aunque limitado. A continuación, los norvietnamitas atacaron al Ejército Real de Camboya y se apoderaron de la mayor parte del norte de Camboya. En lugar de gobernar el territorio, entregaron el norte de Camboya a los jemeres rojos locales.

Operación Chenla I, agosto de 1970-febrero de 1971

La República Jemer atrajo a sus filas a miles de jóvenes y entusiastas camboyanos, que llegaron a ser unos 250.000 en 1975. Estos hombres, por supuesto, no tenían formación. Los expertos afirman que había mucha corrupción en el ejército y que, a menudo, se exageraba el número de combatientes activos. El sistema de alimentos y suministros era irregular, y se sospecha que gran parte se vendía en el mercado negro y pasaba por alto a las tropas. De ahí que los que realmente luchaban por preservar la República Jemer se vieran frecuentemente privados de raciones.

La operación Chenla I empezó bien, con las fuerzas de las Fuerzas Armadas Nacionales Jemeres (FANK) capturando sus objetivos sin muchos problemas. Sin embargo, en enero de 1971, el Ejército Popular de Vietnam (PAVN) y los jemeres rojos atacaron el aeropuerto de Phnom Penh y prácticamente destruyeron la aviación del lugar. Sin embargo, esto fue casi una bendición disfrazada, ya que los aviones eran viejos y reacondicionados de la Unión Soviética, que los Estados Unidos sustituyeron por modelos más nuevos. En cualquier caso, esta medida puso fin a la operación.

Operación Chenla II, agosto-diciembre de 1971

El objetivo de esta operación era despejar la Ruta 6 y reabrir las comunicaciones con una de las mayores ciudades de Camboya, Kompong Thon. A finales de agosto de 1971, las FANK lograron capturar la ciudad de Barai, controlada por el PAVN. Se produjeron duros combates durante el sangriento avance sobre Phnom Santuk, pero fue tomada en septiembre, junto con la ciudad vecina de Tang Krasang. A finales de octubre, las FANK declararon que la operación había sido un éxito, aunque no habían asegurado realmente la ruta, lo que resultó problemático.

Poco después, las fuerzas de la PAVN recibieron refuerzos, obligando a las FANK a retroceder. Solo durante el mes de diciembre, las fuerzas de la PAVN habían eliminado hasta diez batallones de infantería. Fue una pérdida tremenda para las tropas nacionales.

Operación "Freedom Deal", mayo de 1970-agosto de 1973

Después de que Estados Unidos comenzara a retirar gradualmente las tropas de Camboya, las acciones estadounidenses se centraron básicamente en eliminar las líneas de suministro del enemigo, que era el objetivo declarado de la Operación "Freedom Deal". Sin embargo, Estados Unidos pronto amplió la operación para que las fuerzas pudieran participar en misiones de búsqueda y rescate para recuperar a los pilotos survietnamitas derribados. Y poco después, la operación volvió a ampliar sus parámetros.

En un último esfuerzo, sobre todo teniendo en cuenta que Estados Unidos había dejado a los survietnamitas y a los camboyanos para que se defendieran solos de la PAVN y de los jemeres rojos, Estados Unidos reinició sus bombardeos aéreos en Camboya. La mayoría de los vuelos fueron en apoyo de las tropas de las FANK. Sin embargo, el embajador estadounidense Emory Swank admitió más tarde que a menudo no sabían qué pueblos estaban siendo bombardeados.

Cuando Lon Nol anunció un alto el fuego tras la firma de los Acuerdos de Paz de París, los bombardeos estadounidenses cesaron con la esperanza de que se lograra la unidad, pero los jemeres rojos continuaron la lucha. Estados Unidos reanudó los bombardeos a finales de ese año, obligando a los comunistas a retroceder. La operación "Freedom Deal" finalizó en agosto de 1973 y, en general, un gran número de ataques aéreos impactaron en pueblos o ciudades que contenían un gran número de civiles. Sin embargo, al examinar las cifras finales del recuento de muertes de la guerra, es difícil distinguir cuáles fueron causadas por las campañas de bombardeo estadounidenses y cuáles formaron parte de la gran guerra civil camboyana. Las estimaciones son muy amplias, y oscilan entre 30.000 y 500.000, y algunos expertos afirman que Estados Unidos fue responsable de entre 50.000 y 150.000 muertes. Es probable que nunca se sepa con certeza la cifra real.

Los Acuerdos de Paz de París, enero de 1973

El 27 de enero de 1973, los Acuerdos de Paz de París fueron firmados por Estados Unidos, Vietnam del Norte, Vietnam del Sur y el gobierno provisional de Vietnam del Sur, operado por Vietnam del Norte. El tratado estipulaba que Estados Unidos y sus aliados se retirarían de Vietnam en un plazo de sesenta días, se devolverían los prisioneros de guerra, se retirarían todas las tropas extranjeras de Camboya, se produciría un alto el fuego en Vietnam del Sur a lo largo de las fronteras especificadas, Estados Unidos supervisaría la ayuda financiera a toda Indochina y se establecería una comisión para supervisar estos acuerdos.

Un año antes, en abril, se había redactado una nueva constitución, y poco después Lon Nol fue elegido presidente de la República Jemer. Se dijo que las elecciones fueron deliberadamente amañadas. Los partidos políticos surgieron, de acuerdo con la nueva constitución, pero no proporcionaron ningún sentido de unidad al país, sino que solo promovieron el faccionalismo.

Esto era exactamente lo contrario de lo que Camboya necesitaba en ese momento, pues ya estaba fracturada. Como la República Jemer era tan débil, los jemeres rojos controlaban esencialmente la mayor parte del país. Bajo sus órdenes, se suprimía la religión y se ejecutaba a la gente por desobedecer órdenes o hacer preguntas. Parece que los jemeres rojos empezaron a actuar con más violencia hacia la población cuando las fuerzas de la PAVN empezaron a centrar sus esfuerzos en Vietnam del Sur. Como no había nadie que vigilara a los jemeres rojos, sus miembros, dirigidos entre otros por Pol Pot, podían hacer lo que quisieran. Con el paso del tiempo, los jemeres rojos cortaron los lazos con los norvietnamitas y con Sihanouk, que había apostado por su alianza para poder recuperar el trono.

En 1975, la República Jemer estaba en ruinas. Phnom Penh, que tenía unos 600.000 habitantes antes de la guerra, tenía ahora que acoger a dos millones de personas, en su mayoría refugiados. Y cuando los jemeres rojos se hicieron con el control de los ríos, por los que Phnom Penh se abastecía principalmente, fue realmente el principio del fin de la capital camboyana.

Operación "Eagle Pull", 12 de abril de 1975

Quienes dirigían la República Jemer tenían muy claro que sus días estaban contados. Los jemeres rojos siguieron cerrando el cerco, e incluso atacaron Pochentong, el aeropuerto de Phnom Penh al que Estados Unidos enviaba suministros, lo que obligó a los estadounidenses a suspender el tráfico aéreo. Levantaron esta suspensión un día después, ya que los militares se dieron cuenta de que Phnom Penh estaría completamente perdida sin su ayuda. Desgraciadamente, su ayuda duraría poco tiempo. Pronto, los jemeres rojos invadieron las últimas posiciones que la República Jemer mantenía en el Mekong, lo que permitió a los jemeres rojos centrar todos sus esfuerzos en Phnom Penh. Ese mismo día, el 1 de abril de 1975, Lon Nol dimitió y se exilió. Un asesor militar dijo sobre la dimisión de Lon Nol: «Consiguió que todos nos levantáramos y lucháramos. Ahora nos abandona».

Los Estados Unidos se dieron cuenta de que tenían que evacuar a sus hombres, algo que llevaban considerando desde 1973. Según ese plan, había tres opciones diferentes. Pero después de escuchar las predicciones de que habría 3.600 evacuados, que era mucho más que los 400 originales que se habían planeado, Estados Unidos se dio cuenta de que necesitaba una estrategia diferente. Los marines estadounidenses asegurarían el aeropuerto de Phnom Penh, mientras que los helicópteros transportarían por aire a los evacuados desde Phnom Penh, llevándolos luego al aeropuerto. Después de la entrega, los evacuados serían enviados a Tailandia.

La evacuación se desarrolló sin problemas, aunque hubo menos evacuados de los que se habían previsto. Los altos funcionarios camboyanos no se encontraban entre los evacuados, ya que estaban molestos porque los estadounidenses ya no les ofrecían apoyo. Sirik Matak comentó especialmente: «He cometido el error de creer en ustedes, los estadounidenses». La única excepción fue Saukham Khoy, el presidente en funciones de Camboya.

El presidente en funciones Saukham Khoy huye del país

https://en.wikipedia.org/wiki/Cambodian_Civil_War#/media/ File:Saukham_Koy_arrives_on_USS_Okinawa.jpg

La caída de Phnom Penh

Después de que los evacuados fueran sacados por aire de la ciudad, se reunió un Comité Supremo para gobernar lo que quedaba de la República Jemer. Al día siguiente, el 13 de abril de 1975, los jemeres rojos continuaron su asalto a la capital. El Comité Supremo, encabezado por el teniente general Sak Sutsakhan, decidió enviar una oferta de paz a Sihanouk, en la que le transferirían el poder y dejarían claro que no se rendirían ante los jemeres rojos.

La batalla continuó el 14 de abril. Por la mañana, dos enormes bombas, lanzadas por la Fuerza Aérea Jemer, estallaron cerca de la oficina de Sak, matando a varios oficiales e hiriendo a otros veinte. Ese mismo día, Takhmau, la capital de la provincia de Kandal, que estaba a solo siete millas de la capital, cayó en manos de los jemeres rojos. Las zonas del sur de Phnom Penh estallaron en una feroz batalla. El 15 de abril, con los jemeres rojos acercándose cada hora, Sak Sutsakhan intentó sin éxito hacer una oferta de paz a los jemeres rojos, pero fue ignorada. El 17 de abril, los miembros del Gabinete y del Comité Supremo se dieron cuenta de que solo estaban retrasando el destino. Decidieron evacuar a la frontera tailandesa. Sak Sutsakhan y Long Boret, que habían sido los artífices de la última oferta de paz, permanecieron en la capital y partieron en uno de los últimos helicópteros. Sak logró salir, pero Long no tuvo tanta suerte. No se sabe exactamente qué ocurrió, pero se cree que su helicóptero no despegó a tiempo. Los jemeres rojos lo ejecutaron ese mismo día. En cuanto a Sirik Matak, murió unos días después, presumiblemente por un pelotón de fusilamiento.

Los jemeres rojos entraron victoriosos en la ciudad. Ejecutaron al resto de los altos funcionarios y a los oficiales de las FANK. Poco después de tomar la ciudad, dijeron a los residentes de Phnom Penh que tenían que evacuar porque Estados Unidos iba a bombardear la ciudad, diciéndoles que podrían volver en tres días. Sin embargo, esto no era cierto, ya que EE. UU. no tenía intención de emprender tal campaña. Los jemeres rojos querían librar a la ciudad de los refugiados, ya que habían huido de su avance, lo que significaba que no eran leales a la causa. Más de dos millones de personas fueron expulsadas de la ciudad, obligadas a marchar bajo el calor del verano. En los puestos de control, se registraron sus pertenencias, y los oficiales del Jemer Rojo confiscaron todo lo que quisieron. Se cree que 200.000 personas murieron en esta marcha.

Capítulo 7 - Kampuchea Democrática

"Kampuchea Democrática" fue el término que los jemeres rojos dieron a Camboya en enero de 1976. "Democrática" era un término deliberadamente erróneo. Este era un país comunista. Todas las estructuras tradicionales de los gobiernos camboyanos del pasado fueron abolidas. Según la estructura marxista-leninista, la nación era un estado de partido único, el Partido Comunista de Kampuchea, y estaba dirigido por el secretario general del Partido Comunista, Pol Pot. Aunque no se denominó oficialmente Kampuchea Democrática hasta 1976, el nuevo gobierno comenzó a existir a partir de 1975, tras la caída de Phnom Penh.

Tras la caída de la capital camboyana, el antiguo presidente, Norodom Sihanouk, fue llamado desde China para que actuara como nuevo jefe de Estado. Entró en Phnom Penh con bombos y platillos.

El 5 de enero de 1976, el Partido Comunista de Kampuchea (PCK) estableció una constitución. Los miembros de la Asamblea serían elegidos por votación secreta. También se creó un presídium estatal (un consejo ejecutivo), cuyos miembros serían elegidos cada cinco años por la Asamblea de Representantes del Pueblo de Kampuchea (ARPK). Sin embargo, los miembros del KPRA nunca fueron elegidos; en su lugar, fueron elegidos por el CPK, que esencialmente tenía todo el poder en el país.

La transformación del país se produjo por etapas. Durante la primera fase, y como ya se ha mencionado, se produjeron migraciones forzadas de personas, ya que los jemeres rojos pretendían vaciar Phnom Penh de sus nativos que tenían opiniones políticas diferentes o de los vietnamitas que vivían entre ellos. El gobierno controlaba sus destinos, al menos para los que sobrevivían. Por ejemplo, los que tenían conocimientos técnicos fueron enviados a las ciudades para ayudar en la producción de las fábricas. La mayor parte de la población urbana sería enviada a las comunas agrícolas, a trabajar en los campos con poco conocimiento de las prácticas agrícolas. Los jemeres rojos querían que los camboyanos produjeran tres toneladas de arroz por hectárea, lo que era una hazaña increíble incluso con conocimientos técnicos. Por supuesto, la hambruna era inevitable. Y para empeorar las cosas, el gobierno consideraba que actos como el recoger frutos silvestres eran un delito castigado con la muerte. Los trabajadores no podían salir de las comunas y tenían que cumplir reglas estrictas y largas jornadas de trabajo. Además, el gobierno, deseoso de mantenerse alejado de las influencias occidentales, recurrió a la medicina tradicional, lo que solo contribuyó a aumentar el número de muertes. Se cree que durante el régimen de los jemeres rojos murieron entre 1,5 y 2 millones de personas.

En febrero de 1976, Sihanouk fue llevado por el campo, y se dice que quedó "impactado" al observar la reubicación de la población y las condiciones en las que vivían. Tras la gira, Sihanouk presentó su dimisión, que fue rechazada inicialmente. Sin embargo, a mediados de abril la aceptaron, poniendo a Sihanouk bajo arresto domiciliario en su palacio de Phnom Penh. Permanecería como prisionero hasta 1979. Sin embargo, parece que la destitución de Sihanouk era inevitable en cualquier caso. A principios de ese año, Zhou Enlai había muerto, dejando a Sihanouk sin protector. Un documento confidencial que salió a la luz años después decía: «Sihanouk se ha quedado sin aliento. No puede seguir adelante. Por lo tanto, hemos decidido retirarlo».

Mao Zedong, el presidente del Partido Comunista en China, murió en septiembre de 1976. Para mantener las buenas relaciones, Pol Pot, que se convirtió en primer ministro de Kampuchea al mes siguiente, planeó visitar al sucesor de Mao cuando fuera votado e instalado.

Organización y administración

Como ya se ha dicho, todo el poder pertenecía al Partido Comunista de Kampuchea (PCK). Pol Pot fue secretario general del CPK y primer ministro, ocupando el primero hasta 1981 y el segundo hasta 1979. Nuon Chea fue vicesecretario del CPK. Había otros siete funcionarios de alto rango, y este grupo de élite formaba lo que se llama el "Centro", la "Organización" o el "Angkar". El CPK era aficionado a utilizar números en lugar de títulos como designaciones. Por ejemplo, el Angkar funcionaba en la oficina 870 de Phnom Penh.

Nuon Chea, Subsecretario del CPK

https://en.wikipedia.org/wiki/List_of_prime_ministers_of_Cambodia#/media/File:Nuon_Chea_on_31_October_2013.jpg

El uso de los números se extendió también al resto del país, con regiones divididas por números. Ya no había provincias, sino que el país se dividía en siete zonas geográficas y dos regiones especiales. Las siete zonas eran el noroeste, el norte, el noreste, el este, el suroeste, el oeste y el centro. Las regiones especiales eran la región especial nº 505 de Kratie y la región especial nº 106 de Siem Reap. Cada una de las regiones estaba subdividida en subregiones, o *damban*.

Los pueblos se dividían en grupos llamados *krom*, que contenían entre quince y veinte hogares. Un *krom* estaba dirigido por un líder llamado *Meh Krom*.

Las élites, es decir, las personas que llegaron a ser prominentes en el nuevo gobierno, eran una curiosa mezcla de quienes habían estudiado en Francia y/o eran estudiantes de filosofía marxista/leninista. Entre ellos estaba Pol Pot, por supuesto, pero también estaban Ieng Sary, ministro de Asuntos Exteriores; Khieu Thirith (o Ieng Thirith, esposa de Sary y cuñada de Pol Pot), ministra de Asuntos Sociales; Son Sen, que se convirtió en ministro de Defensa, y Khieu Samphan, que era el presidente del Presidium del Estado.

La ideología de los jemeres rojos

Los jemeres rojos creían en los principios del marxismo-leninismo y en las enseñanzas de Mao Zedong. Esta educación enseñaba que el progreso y el cambio se producen a través de sucesivas revoluciones. Algunos tuvieron el beneficio de la educación superior en Francia, donde se les enseñó el marxismo. Los jemeres rojos también creían en su superioridad racial. Prohibieron cualquier influencia extranjera, abolieron el sistema bancario, colectivizaron la agricultura y cerraron hospitales y escuelas. La educación era prácticamente inexistente. Aunque los jemeres rojos querían que la población estuviera alfabetizada y tuviera conocimientos básicos, no querían que su educación estuviera contaminada por el pasado de Camboya. Querían controlar la información que se difundía.

Los jemeres rojos pretendían convertir Camboya en un país de campesinos obedientes. Los productos agrícolas se criaban en comunas, y el Estado y sus necesidades eran más importantes que la unidad familiar. Si uno tenía relaciones sexuales fuera del matrimonio, podía ser ejecutado, y solo se podía casar con el permiso del gobierno, ya que no querían que la gente se casara fuera de su rango.

El papel de las mujeres

Los jemeres rojos se jactaban de que el trabajo "liberaba a las mujeres", por lo que estas trabajaban junto a los hombres e incluso a los niños en ocasiones. La posición de los jemeres rojos al respecto se derivaba de la obra del escritor marxista Friedrich Engels en su libro *El origen de la familia, la propiedad privada y el Estado*. Engels consideraba que las mujeres debían realizar trabajos industriales y que la creencia en la importancia del núcleo familiar debía abandonarse en favor del Estado. Engels consideraba que la puesta en práctica de esto era liberadora para la mujer. Creía que su liberación tendría lugar mediante la participación en actividades revolucionarias. Además, Mao Zedong afirmaba que si se producía ese cambio, la abolición de las desigualdades entre hombres y mujeres «se produciría como consecuencia natural de la victoria en las luchas políticas y económicas».

Algunos historiadores indican que la creencia era que las mujeres serían entrenadas para ser miembros productivos de sus fuerzas militares. Al principio, las mujeres se mantenían en funciones secundarias, como el trabajo médico y el transporte. Con el tiempo, su papel se amplió, llegando incluso a luchar en el frente. Sum Sreng contó que la separaron de su familia a los catorce años y la enviaron al frente. Describió haber escapado y haber corrido a casa de sus padres, a quienes echaba mucho de menos. Sin embargo, siempre la atrapaban y la devolvían a su unidad. «Llegué a casa cinco veces. Una vez, estaba enferma, con frío y calor. Me pusieron en una hamaca y me llevaron de vuelta».

Kampuchea Democrática también promulgó una política de ruptura de los lazos familiares y de las prácticas tradicionales. En su lugar, el gobierno quería que los campesinos camboyanos, en particular, se centraran en las necesidades de la nación. Los matrimonios forzados empujaban a las mujeres a mantener relaciones sexuales con, a veces, hombres extraños, y si se negaban, sus maridos y a veces incluso los oficiales del Jemer Rojo las violaban. Como era de esperar, el gobierno no llevaba la cuenta de las estadísticas sobre el número de mujeres agredidas sexualmente. Según el proyecto Mujeres y Justicia Transicional en Camboya, que realizó una encuesta anónima entre quienes vivieron el régimen de los jemeres rojos, se cree que casi el 97 por ciento de las mujeres fueron obligadas a casarse. Alrededor del 80 por ciento de ellas fueron violadas después de casarse.

Militares

Kampuchea Democrática mantuvo un gran ejército permanente llamado Ejército Revolucionario de Kampuchea (RAK). Contaba con 230 batallones, que se dividían en 35 o 40 regimientos y luego se subdividían en 12 o 14 brigadas. Las unidades del ejército estaban dirigidas por comités de tres personas, cuyo orden jerárquico era comisario político, general militar y adjunto del general. El comisario político no era realmente un comandante del ejército. En cambio, estaba allí para asegurarse de que la unidad siguiera las líneas del partido y garantizar que el gobierno mantuviera el control sobre el ejército.

El RAK operaba en todas las zonas del país, y cada grupo tenía asignada su propia zona. Como resultado, prevalecía un ambiente bélico. Si uno o varios miembros de cualquiera de estos grupos eran considerados "ideológicamente impuros", se realizaban purgas para eliminar a esos indeseables, y las tropas cruzaban las zonas para asegurarse de que se cumplía la disciplina. Su primera misión fue ejecutar a los oficiales de las FANK junto con sus familias.

Relaciones internacionales

Como era de esperar, Kampuchea Democrática mantenía estrechas relaciones con China y, hasta cierto punto, con Corea del Norte. También mantenían contacto con otros países, aunque a muy pocos se les permitía tener embajadas en el país. Los únicos países a los que se les permitía operar dentro de las fronteras de los jemeres rojos eran los mencionados China y Corea del Norte, así como Egipto, Cuba, Albania, Laos, Rumanía, Vietnam (hasta finales de 1977) y Yugoslavia.

En 1977, Pol Pot realizó una visita oficial a China, donde fue recibido por Hua Guofeng, el primer ministro de la República Popular China. Llamó a Pol Pot "Camarada de Camboya". Pol Pot fue agasajado con una visita a la zona agrícola de China para presentarle un modelo de realización agraria. Pol Pot también recibió la aprobación de la ayuda militar de China.

Religión

Kampuchea Democrática prohibía la práctica de la religión, ya que era, como otros países comunistas, un estado ateo. Por ello, se perseguía a las personas que practicaban religiones, como el islam, el cristianismo y el budismo. De hecho, se ha reportado que casi 25.000 monjes budistas fueron ejecutados durante el régimen de los jemeres rojos. A pesar de la prohibición religiosa, algunas personas practicaban su religión en secreto.

Las atrocidades y el genocidio

Se cree que el régimen de los jemeres rojos fue uno de los más brutales de la historia, sobre todo teniendo en cuenta que solo estuvo en el poder durante unos cuatro años. Se podría escribir un libro entero sobre los terrores que el régimen perpetró contra su pueblo, así que lo que sigue solo raspa la superficie.

Entre 1975 y 1979 tuvo lugar el genocidio camboyano. Mataron a monjes venerados, atacaron campos de refugiados y destruyeron santuarios budistas, junto con los barrios circundantes. Los jemeres rojos ejecutaron a los chamanes y a los vietnamitas, ya que pretendían crear una raza superior. Si uno hablaba una lengua extranjera, eso significaba casi siempre una sentencia de muerte. A veces, se mataba a la gente por llevar gafas, ya que eso era un signo de inteligencia. Se podía matar a la gente por ausentarse del trabajo, por buscar comida o por llorar a los muertos. A veces incluso se ejecutaba a los verdugos que no habían alcanzado su cuota. Se asesinaba a los periodistas y a los bebés. A pesar de que los jemeres rojos tenían el control de Phnom Penh, la bombardeaban continuamente hasta que se convertía en piedras ensangrentadas y silenciosas que no podían hablar de los horrores que habían presenciado.

Pol Pot creía que estas duras condiciones, que incluían trabajos forzados, hambre y reasentamiento, mantendrían al pueblo a raya. La gente trabajaba en exceso y los enfermos eran tratados como si fueran una carga de la sociedad, y muchos de ellos morían. A los que se consideraba que no contribuían se les decía a menudo: «Mantenerte no es una ganancia; perderte no es una pérdida».

Aunque el artículo 9 de la constitución kampucheana hablaba de la justicia y de un sistema judicial, no había ninguno. Fue sustituido por interrogatorios, fuerzas de seguridad y centros de reeducación. Uno de ellos fue Tuol Sleng, que en su día fue una escuela secundaria y ahora es un museo del genocidio. Allí se torturaba a la gente y se la obligaba a entregar a sus familiares y amigos. Entre 1976 y 1979, se cree que unas 20.000 personas fueron encarceladas allí. En sus habitaciones, estaban encadenados para evitar la fuga y se les prohibía hablar entre ellos, lo que creaba una verdadera sensación de aislamiento sin nadie en quien confiar. El submarino era una forma habitual de tortura, al igual que la asfixia con bolsas de plástico. Aunque se animaba a los guardias a torturar a los prisioneros, no debían matarlos directamente, pero, por supuesto, esto seguía ocurriendo.

Los que murieron en los campos de reeducación, así como otros ejecutados por los jemeres rojos, fueron enterrados en los Campos de la Muerte, que estaban repartidos por toda Camboya. Sus víctimas eran enterradas en fosas comunes sin ninguna ceremonia. A menudo, las ejecuciones se realizaban con veneno, palos afilados u otros instrumentos contundentes, ya que así se ahorraba municiones. A veces, sus víctimas eran obligadas a cavar sus propias tumbas.

Pol Pot también realizaba regularmente purgas. Los funcionarios de la República Jemer que habían servido antes de la llegada de los jemeres rojos fueron "juzgados" y ejecutados, al igual que los oficiales de las FANK, que habían servido bajo la República Jemer.

No existen cifras concretas sobre el número de muertos bajo el régimen de los jemeres rojos. Las cifras son tan bajas como 1 millón y tan altas como casi 3,5 millones. Incluso los jemeres rojos reconocieron que murieron 2 millones de personas, aunque atribuyen estas muertes principalmente a la posterior invasión vietnamita. Resulta curioso observar estas cifras, ya que los expertos creen que Camboya contaba con una población de unos 8 millones de personas en 1975.

Los historiadores no se ponen de acuerdo sobre si lo ocurrido debe considerarse un genocidio. Algunos creen que las acciones de los jemeres rojos no se dirigieron específicamente a grupos étnicos. Según Michael Vickery, estas muertes fueron «en gran medida el resultado de los excesos espontáneos de un ejército campesino vengativo e indisciplinado». Sin embargo, han salido a la luz documentos recientes que demuestran que los jemeres rojos se dedicaron voluntariamente a realizar asesinatos masivos sistemáticos. Incluso el historiador David Chandler afirma que las minorías étnicas no fueron un objetivo específico, pero no parece ser así. Por ejemplo, se calcula que la mitad de la población musulmana cham fue asesinada durante el genocidio camboyano. No se les permitió practicar su religión y se les obligó a comer cerdo, que va en contra de uno de los principios del Islam. Si se negaban a comerlo, los mataban. No podían practicar su idioma y sus hijos fueron llevados para ser criados como jemeres. Los chams fueron incluso rebautizados como jemeres islámicos, despojándolos aún más de su herencia y etnia.

Víctimas de la masacre de Ba Chuc

https://en.wikipedia.org/wiki/Cambodian-Vietnamese_War#/media/File:Hài_cốt.jpg

La masacre de Ba Chuc

Del 18 al 30 de abril de 1978, 3.157 civiles fueron brutalmente masacrados en Ba Chuc, Vietnam. Otros 200 fueron volados o heridos por minas terrestres. Se cree que solo dos personas sobrevivieron a la masacre.

Una de las supervivientes, una mujer llamada Ha Thi Nga, dijo: «Dispararon a mis hijos uno por uno. A la más pequeña, una niña de dos años, la golpearon tres veces pero no murió, así que la golpearon contra la pared hasta que murió». A su marido le dispararon y lo mataron, y los soldados intentaron hacer lo mismo con ella. Como la bala no la mató, los soldados la golpearon en la cabeza, dejándola morir. Milagrosamente, sobrevivió.

Este ataque contribuyó a provocar la invasión vietnamita de Camboya, que tuvo lugar ese mismo año.

El KUFNS

Las siglas KUFNS, también conocidas por el acrónimo francés FUNSK, significaban Frente Unido de Kampuchea (o Jemer) para la Salvación Nacional. Era un grupo de camboyanos disidentes que estaban en desacuerdo con el liderazgo de Pol Pot. Su influencia se extendió rápidamente, tanto en Camboya como en Vietnam, tras su formación a principios de diciembre de 1978. Parece que mucha gente no se oponía a derrocar el brutal gobierno de represión de Pol Pot.

El Frente de Salvación también era comunista, pero se oponía a muchos de los principios ensalzados por el Partido Comunista de Kampuchea. Su objetivo era reconstruir las zonas camboyanas que habían sido devastadas por las numerosas batallas.

El KUFNS estaba dirigido por Heng Samrin, que era el presidente, y Pen Sovan, que era el vicepresidente. Desempeñaron un papel vital en el desenlace de las hostilidades en ebullición.

Guerra camboyano-vietnamita, diciembre de 1978-septiembre de 1989

La tercera fase de Kampuchea Democrática puso de manifiesto las profundas sospechas de Pol Pot hacia los vietnamitas. De hecho, entre las personas que fueron purgadas se encontraban minorías vietnamitas que vivían en Camboya. Su desconfianza hacia el Partido Comunista de Vietnam no hizo más que aumentar cuando Vietnam firmó un tratado de cooperación con Laos en 1977.

En 1977, las tensiones se intensificaron entre Vietnam y Kampuchea. Al final de la guerra, los vietnamitas salieron victoriosos sobre las tropas de Kampuchea. A principios de enero de 1978, las fuerzas vietnamitas estaban a solo veinticuatro millas de Phnom Penh, pero Vietnam retiró a sus hombres. A pesar de ello, Kampuchea declaró que había obtenido una gran victoria, llegando a afirmar que un soldado kampucheano era igual a treinta soldados vietnamitas. Sin embargo, los vietnamitas, aunque eran pobres, estaban bien alimentados, mientras que los camboyanos estaban medio muertos de hambre. Vietnam también tenía más hombres preparados para luchar (615.000 frente a los 70.000 de Kampuchea), así como más tanques y aviones. A pesar de ello, Kampuchea siguió adelante, ocupando territorios vietnamitas y superando puestos de avanzada en la provincia de Ha Tien.

Los enfrentamientos continuaron durante todo el año mientras se intentaban las conversaciones de paz. Sin embargo, no se logró aplacar a ninguna de las partes. A finales de año, China ayudaba a reforzar las tropas de Kampuchea. La guerra propiamente dicha estalló el 21 de diciembre de 1978, cuando Vietnam envió dos divisiones a través de la frontera camboyano-vietnamita, avanzando hacia la ciudad de Kratie, en el este de Camboya. El Ejército Revolucionario de Camboya (ERC) no fue capaz de repeler el ataque. Al ver la debilidad del KRA, el Ejército Popular de Vietnam (PAVN) lanzó una invasión a gran escala, que consistía en unos 150.000 soldados, así como artillería pesada y apoyo aéreo. El KRA se defendió, incluso entrando en combate cuerpo a cuerpo cuando fue necesario. La mitad del KRA fue aniquilada tras dos semanas de cruentos combates.

Debido a los intensos combates, la mayoría de los líderes de Kampuchea se trasladaron al oeste. Y fue una buena jugada por su parte, ya que el 7 de enero de 1979, el PAVN entró en Phnom Penh, junto con miembros del KUFNS. Establecieron un estado provietnamita, al que llamaron República Popular de Kampuchea.

Los líderes jemeres rojos se refugiaron en Tailandia, y el gobierno tailandés los alojó en el campo de Khao Larn, en la provincia de Trat. Mientras tanto, el nuevo gobierno de Kampuchea estableció su sede en Phnom Penh, donde comenzaron a reconstruir la vida social y económica de Camboya. Desgraciadamente, el personal que componía este nuevo gobierno carecía de las habilidades y la educación necesarias para reconstruir el país, ya que muchos de los que estaban familiarizados con la política y otras cosas habían sido asesinados por las purgas o habían huido a otros lugares. Además, había grupos de resistencia antivietnamita que se amotinaban contra estos funcionarios.

Fiasco en las Naciones Unidas

El gobierno camboyano en el exilio convocó una reunión de emergencia del Consejo de Seguridad de las Naciones Unidas, ya que Norodom Sihanouk quería hacer un llamamiento en favor del gobierno depuesto. Condenó a Vietnam por violar la soberanía de Camboya, pero pasó por alto deliberadamente los abusos contra los derechos humanos que habían tenido lugar debido a los jemeres rojos. Además, Sihanouk insistió en que la ONU no reconociera a este gobierno de Camboya instalado por Vietnam y en que suspendiera cualquier tipo de ayuda para ellos. Aunque siete países de la ONU aprobaron esa resolución, la Unión Soviética y Checoslovaquia se opusieron, por lo que la resolución no fue aprobada.

En febrero de 1979, el nuevo gobierno de Camboya y Vietnam celebraron una reunión, tras la cual ambos firmaron un Tratado de Paz, Amistad y Cooperación. Este tratado establecía una relación entre Vietnam y Camboya. Tras la firma del acuerdo, la Unión Soviética, los países socialistas de Europa del Este y la India reconocieron a la República Popular de Kampuchea.

Se produjeron discusiones internacionales, ya que tanto Kampuchea Democrática como la República Popular de Kampuchea reclamaban el mismo asiento en la ONU. El comité de la ONU encargado de estas objeciones decidió reconocer a Kampuchea Democrática (Jemeres Rojos) como el gobierno legítimo de Camboya. Uno de los motivos fue el fuerte apoyo de China a los jemeres rojos. En enero de 1980, ochenta miembros de la ONU siguieron reconociendo a Kampuchea Democrática como gobierno legítimo, mientras que el resto de los miembros de la ONU reconocieron al nuevo gobierno, la República Popular de Kampuchea.

Tailandia, que había albergado temporalmente a los dirigentes jemeres y siempre había temido la expansión de Vietnam en la península de Indochina, exigió que Vietnam retirara todas sus tropas de Camboya para que los propios camboyanos pudieran elegir un gobierno de su elección. Además, la Asociación de Naciones del Sudeste Asiático (ASEAN) consideraba que el nuevo gobierno camboyano amenazaría la estabilidad de la región. China y Corea del Norte estaban de acuerdo con este consenso.

En 1979, Deng Xiaoping era el líder de China. Subió al poder tras la muerte de Mao Zedong, al que se opuso, principalmente por diferencias relacionadas con la política económica de China. De hecho, Deng consiguió manipular la destitución de Hua Guofeng como presidente del Partido Comunista de China. Deng llegó a decir al presidente estadounidense de la época, Jimmy Carter, que tenía la intención de no renovar el Tratado de Amistad, Alianza y Asistencia Mutua chino-soviético, que se había firmado en la década de 1950. También anunció que iba a emprender un ataque limitado a Vietnam, ya que China apoyaba al derrocado régimen de los jemeres rojos. Deng también advirtió a Moscú que, si era necesario, lanzaría una guerra contra la Unión Soviética. Para demostrar su seriedad, Deng estacionó tropas a lo largo de la frontera sino-soviética.

Guerra sino-vietnamita, febrero-marzo de 1979

A mediados de febrero de 1979, China atacó Vietnam. China solo contaba con 200.000 soldados para entrar en Vietnam, mientras que Vietnam tenía unos 70.000. Los soviéticos ayudaron a los vietnamitas en la guerra, pero solo prestaron apoyo no bélico.

Los chinos atacaron desde el oeste y el este. En el oeste, las tropas planeaban atacar las provincias de Cao Bang, Lang Son y Quang Ninh. Las fuerzas del este pretendían atacar las provincias de Hoang Lien Son, Ha Tuyen y Lai Chau.

El Ejército Popular de Liberación (EPL) de China capturó las alturas sobre Lang Son. Los vietnamitas, sin embargo, evitaron el combate directo, confiando en cambio en las tácticas de guerrilla. El 6 de marzo, Lang Son fue tomada. Ese mismo día, Deng declaró que la "puerta de Hanói" estaba abierta y que los objetivos de la campaña militar se habían alcanzado. A medida que China se retiraba, destruía las infraestructuras y mataba el ganado en Vietnam, debilitando la economía vietnamita en el proceso.

Al final, ambos bandos reclamaron la victoria. China dijo que había aplastado la resistencia vietnamita, mientras que Vietnam afirmó que había expulsado a las tropas invasoras. Ambas partes tienen estimaciones diferentes en cuanto a las bajas. Se cree que China sufrió 26.000 muertes, mientras que Vietnam tuvo entre 20.000 y 30.000 muertos.

Las escaramuzas fronterizas entre ambos países continuaron durante unos diez años más, y terminaron cuando Vietnam se retiró totalmente de Camboya.

Capítulo 8 - Crisis humanitaria

Los campos de refugiados y el "puente de tierra"

A lo largo de la década de 1980, e incluso después de que terminara la guerra camboyano-vietnamita, cientos de miles de camboyanos cruzaron a Vietnam en busca de familiares y amigos desaparecidos. Los que pudieron buscaron refugio en el extranjero. Unas 260.000 personas se reubicaron. Mientras esto ocurría, las autoridades no tomaron ninguna medida contra la práctica del budismo, permitiendo la reapertura de las escuelas budistas. La gente trató de restablecer los mercados comerciales y los negocios. Como pocos agricultores pudieron atender sus cultivos de arroz, se desató una hambruna generalizada. Las fuerzas vietnamitas consumían el poco arroz que había. Cuando algunos camboyanos consiguieron emigrar a Tailandia, los tailandeses se asombraron al ver lo demacrados y esqueléticos que estaban los camboyanos. Se cree que al menos 2,5 millones de camboyanos corrían el riesgo de morir de hambre en 1980.

Los campos fronterizos y de refugiados se convirtieron en algo habitual. Lamentablemente, la política y las rivalidades hicieron que se mimetizaran con el conflicto que se desarrollaba a su alrededor, ya que los vietnamitas y los jemeres rojos atacaron algunos de ellos. Unos cuantos campamentos se convirtieron en centros de reclutamiento para las distintas fuerzas combatientes hostiles de Camboya. Estos campamentos estaban plagados de violencia, violaciones, luchas internas y depresión debido a la inactividad y a la angustia emocional que los camboyanos intentaban superar.

Sin embargo, también proporcionaban alimentos y un pequeño alivio de seguridad. El gobierno de Phnom Penh insistió en que toda la ayuda se canalizara a través de ellos, pero se produjeron problemas de distribución, por lo que las agencias de ayuda crearon el "puente terrestre", que eludía al gobierno camboyano. Al trasladar los productos por el "puente terrestre", los campamentos podían recibir arroz y otros alimentos de forma más eficiente. Aproximadamente 150.000 toneladas de arroz y otros alimentos llegaron a los campamentos fronterizos como resultado de esta medida de ayuda. Los hambrientos camboyanos llevaron sus carros de bueyes, carretas y bicicletas para recibir los alimentos. Algunos grupos de ayuda se opusieron a este "puente terrestre", ya que consideraban que podría fomentar el comercio en el mercado negro. También es imposible saber cuántos alimentos se distribuyeron realmente, ya que los campamentos que recibieron la ayuda no llevaron ningún registro sólido.

El campo de refugiados de Nong Samet

Los caudillos camboyanos dirigían inicialmente este campo, situado justo dentro de la frontera tailandesa. Los caudillos estaban acostumbrados a la guerra de guerrillas y gobernaban con mano de hierro. En su mayor parte, controlaban la distribución de alimentos.

In-Sakhan se convirtió en el líder del campamento, que fomentó un próspero mercado, que atrajo no solo a comerciantes, sino también a contrabandistas y estraperlistas. La población del campamento ascendía a la asombrosa cifra de 200.000 personas. UNICEF y otros organismos de ayuda habían estado entregando la ayuda que tanto se necesitaba en el campamento, pero dejaron de hacerlo cuando se enteraron de que In-Sakhan la acaparaba. Muchos habitantes de Nong Samet se fueron a un campamento vecino, ya que allí tuvieron más suerte a la hora de recibir alimentos.

Con el tiempo, fue necesario que el ejército tailandés desalojara a In-Sakhan, haciéndolo en julio de 1980. Fue sustituido por Thou Thon. Thou Thon era un líder capaz, y bajo su mando, el campamento de Nong Samet se convirtió en un centro de reclutamiento para el Frente de Liberación Nacional del Pueblo Jemer, que se oponía a la República Popular de Kampuchea, aliada de Vietnam, en Camboya. Thou Thon organizó a los miembros de Nong Samet, que construyeron carreteras y zanjas y limpiaron los lugares. Creó un método eficaz para la distribución de arroz, y también colaboró con parte del trabajo.

Finalmente, en 1983, Nong Samet se incorporó al Sitio Dos.

Puestos de mercado en el campo de refugiados de Nong Samet
https://en.wikipedia.org/wiki/Nong_Samet_Refugee_Camp#/media/File:Market_stalls.jpg

Campo de refugiados del Sitio Dos

Este campo estaba en la frontera entre Camboya y Tailandia, y era el más grande de los campos de refugiados, ya que aceptaba refugiados de otros campos que habían sido destruidos por fuerzas hostiles. Estaba supervisado por el Gobierno Real de Tailandia, la ONU y otras organizaciones relacionadas con la ONU. Los refugiados procedían principalmente de los campos de Nong Samet, Bang Poo, Nong Chan, Nam Yeun, Sanro, O'Bok, Ban Sangae y Dang Rek. El Sitio Dos no se utilizaba como base de reclutamiento, sino que era un campamento civil para familias y simpatizantes de las Fuerzas Armadas de Liberación Nacional del Pueblo Jemer.

Los programas del Sitio Dos proporcionaban atención médica, salud pública, construcción, saneamiento y formación profesional. Los tailandeses no querían que estos campamentos se convirtieran en asentamientos permanentes, por lo que proporcionaron formación para que la gente pudiera seguir adelante y forjar su propia vida. Estos servicios fueron prestados por organizaciones internacionales, como Christian Outreach, la Oficina Católica de Ayuda de Emergencia y Refugiados, el Comité Americano de Refugiados y Médicos sin Fronteras.

Como parte del programa de rehabilitación de Tailandia, crearon escuelas y formaron a profesores. A principios de 1989, se cree que el campo tenía cincuenta escuelas con unos 70.000 alumnos.

El agua era quizás uno de los mayores problemas en el Sitio Dos, por lo que la UNBRO (Operación de Socorro Fronterizo de las Naciones Unidas) envió agua hasta que pudieron construir un embalse. Los residentes recibían semanalmente y mensualmente raciones de judías secas, huevos, arroz, verduras, sal de pescado, aceite y harina de trigo.

Había cinco hospitales en el Sitio Dos, pero actuaban más como clínicas. Estos hospitales no estaban equipados con herramientas quirúrgicas, por lo que si uno necesitaba cirugía, tenía que ir a un hospital militar local.

La policía jemer se encargaba temporalmente de la seguridad, pero tuvo que ser disuelta porque a menudo violaba los derechos humanos. Finalmente, la Unidad de Protección de Personas Desplazadas, un grupo paramilitar que se creó únicamente para proporcionar seguridad en la frontera, tomó el relevo. Su función no solo era mantener el orden, sino también proteger el campo de los bandidos.

Centro de retención de Khao-I-Dang

Este campo de refugiados estaba en la frontera oriental de Tailandia y era administrado por el Ministerio del Interior de Tailandia y el Alto Comisionado de las Naciones Unidas para los Refugiados. Este campo surgió tras la caída del régimen de los jemeres rojos. En realidad, contaba con un hospital quirúrgico al que llegaban pacientes gravemente heridos o enfermos de otros campos.

El campo tenía un drenaje decente, carreteras, letrinas y depósitos de agua. Se suponía que era un lugar de retención temporal para aquellos que serían repatriados a otros países, incluyendo Camboya. Aproximadamente 4.800 llegaron el 21 de noviembre de 1979, el primer día que se abrió, y ese número se elevó a 84.800 a finales de año. Alcanzó su máximo histórico de 160.000 personas en marzo de 1980, aunque podría haber albergado hasta 300.000 personas.

La cuestión del reasentamiento en los campos de refugiados

Aunque algunos de estos campos parecen bastante decentes, sobre todo si se comparan con los primeros tiempos de Nong Samet, hay que recordar que todos los campos estaban sometidos a la violencia, ya que tanto las fuerzas vietnamitas como las camboyanas los bombardeaban. Con el tiempo, Tailandia declaró el cierre de los campos, pero los camboyanos desesperados se abrieron paso a base de sobornos. Tras el cese de las hostilidades, los camboyanos permanecieron en los campos, ya que temían regresar a su país. En cambio prefirieron el reasentamiento en otros lugares. Entre 1975 y 1997, unos 153.000 camboyanos se instalaron en Estados Unidos, y otros 53.000 se trasladaron a Francia.

La Restauración: La República Popular de Kampuchea

La República Popular de Kampuchea (RPK) era un estado comunista enfrentado a la Kampuchea Democrática de los jemeres rojos. Quería dejar la brutalidad del régimen jemer en el pasado y avanzar.

Bajo la República Popular de Kampuchea, las minorías étnicas debían ser respetadas. Estas minorías incluían a los vietnamitas que vivían en Camboya, los camboyanos de Tailandia, los "Montagnards" del noreste (también conocidos como Khmer Loeu, un término que engloba a varios grupos étnicos) y el pueblo Cham. También había una minoría china que vivía dentro de Camboya, a la que la nueva república no extendió la protección, ya que China apoyaba a Kampuchea Democrática. Por ello, los chinos sufrían prejuicios y sus lenguas nativas, el mandarín y el teochew, solo podían hablarse entre ellos.

La República Popular de Kampuchea reconoció el budismo como religión estatal. Se reconstruyeron gradualmente los templos y se celebraron festivales budistas. Se fundó una orden de monjes en Phnom Penh y, con el paso del tiempo, se establecieron otros monasterios por toda la nación.

Como la ONU se negó a reconocer a la RPK, este gobierno quedó inhabilitado para recibir ayuda internacional para suministros, alimentos y sus esfuerzos de reconstrucción. Por supuesto, China se negó a ayudar, al igual que la Asociación de Naciones del Sudeste Asiático (ASEAN). Sin embargo, los países del bloque oriental enviaron una pequeña cantidad de ayuda. Los países occidentales enviaron la mayor parte de su ayuda a los campos de refugiados de

Tailandia. Estados Unidos aportó 5 millones de dólares al año en 1982, que luego se incrementaron a 8 millones en 1984, y luego a 12 millones en 1987 y 1988, antes de volver a bajar a 5 millones.

Debido a las purgas llevadas a cabo por los jemeres rojos, quedaron pocos intelectuales camboyanos tanto en Camboya como en Tailandia. Tenían muy pocas ganas de volver a Camboya y buscaron nuevos hogares en otros lugares, principalmente en los países occidentales. La RPK quería que sus administradores, técnicos y burócratas tuvieran una formación adecuada, pero sus esfuerzos se vieron obstaculizados por el bajo nivel de educación y conocimientos básicos de la población. Para compensar esa deficiencia, algunos de los candidatos más prometedores fueron enviados a estudiar a países del bloque oriental.

Las guerras de propaganda

La República Popular de Kampuchea llevó a cabo una continua campaña de propaganda para conseguir el apoyo nacional. Las vallas publicitarias estaban empapeladas con eslóganes patrióticos y también mostraban fotos espantosas de cráneos de víctimas del régimen de los jemeres rojos. El gobierno se jactaba además de haber liberado al pueblo del régimen represivo de Pol Pot. Se instituyó el Día Anual del Recuerdo, también llamado "Día del Odio", uno de cuyos lemas era: «Debemos impedir absolutamente el regreso de la antigua oscuridad».

Para la RPK, era importante recordar al pueblo por qué existía, especialmente desde que resurgió el Jemer Rojo de Pol Pot. Durante 1979, los miembros del Jemer Rojo empezaron a regresar a Camboya. Contaron con el apoyo de Tailandia y China. Esta resurrección de los jemeres rojos lanzó acciones militares a lo largo de la frontera entre Tailandia y Camboya, librando batallas contra la República Popular de Kampuchea en varios puestos de avanzada.

Se debe señalar que el príncipe Sihanouk seguía activo durante todo esto. Había fundado su propio grupo, el Frente Nacional Unido para una Camboya Independiente, Neutral, Pacífica y Cooperativa (FUNCINPEC), en 1981. En 1982, había organizado un pacto de resistencia con los miembros restantes de los jemeres rojos.

Ofensiva de la estación seca de 1984-1985

Durante esta ofensiva, los vietnamitas atacaron los campamentos base de las fuerzas anti RPK que se encontraban en Camboya, expulsándolas hacia Tailandia. Los vietnamitas quisieron asegurarse de que no volvieran a entrar en Camboya, aplicando el Plan K5, que intentaba sellar las entradas al país mediante trincheras y campos de minas. Sin embargo, la presencia de los vietnamitas tendía a encender las hostilidades entre los camboyanos nativos, por lo que esta ayuda vietnamita acabó siendo contraproducente para la RPK.

Aunque el gobierno de la RPK contaba con un equipo de asesores militares de la Unión Soviética, Cuba y Vietnam, a la RPK le costó establecer un control firme sobre el país. En 1986, Vietnam anunció que comenzaría a retirar sus fuerzas de ocupación de Camboya. Fue una retirada gradual, que se produjo a lo largo de varios años. En abril de 1989, Hanói y Phnom Penh anunciaron conjuntamente la retirada vietnamita de suelo camboyano.

El naciente Estado de Camboya

A partir de ese mismo año, 1989, la Unión Soviética había comenzado a derrumbarse y, por tanto, no podía ofrecer una ayuda militar concreta a Camboya. Por ello, la RPK tuvo que plantearse realizar serias reformas en su economía y en su constitución.

En 1989, la Asamblea Nacional, dirigida por Hun Sen, que se convirtió en primer ministro en 1984, decidió cambiar el nombre del país por el de Estado de Camboya. Las fuerzas armadas pasaron a llamarse Fuerzas Armadas Populares de Camboya. El país también inició una serie de reformas económicas y constitucionales. Se permitió la libre propiedad privada, junto con un enfoque de libre mercado. Se pretendía un estado unipartidista, pero se permitió que el palacio permaneciera en Phnom Penh.

No se invitó a Sihanouk a convertirse en rey, sobre todo teniendo en cuenta que se alineó con el Gobierno Nacional de Camboya de Kampuchea Democrática, que, como se podía predecir, tenía un sabor comunista. Este gobierno también se oponía directamente a la República Popular de Kampuchea. Tras una serie de conversaciones, el nuevo gobierno camboyano acordó aceptar a Norodom Sihanouk como jefe de Estado —no como rey— a mediados de 1991.

UNTAC

En octubre de 1991 se firmaron los Acuerdos de Paz de París, que pusieron fin oficialmente a la guerra entre Camboya y Vietnam. Esto coincidió con la culminación de la Guerra Fría entre Estados Unidos y la Unión Soviética, que terminaría solo dos meses después. El encuentro fue propiciado por la ONU, que estableció la Autoridad de Transición de las Naciones Unidas (UNTAC) en Camboya en 1992. Su objetivo era supervisar un alto el fuego, repatriar a los jemeres desplazados que vivían a lo largo de la frontera entre Tailandia y Camboya, desarmar a los ejércitos de las facciones alineadas políticamente y preparar al país para la celebración de elecciones libres en 1993.

La UNTAC tuvo dificultades para conseguir que los jemeres rojos cooperaran, ya que no querían dejar las armas. En 1993 se celebraron elecciones generales en Camboya. Participaron alrededor del 90% de los votantes con derecho a voto. El hijo de Norodom Sihanouk, Ranariddh, y su FUNCINPEC fueron los más votados. El Partido Popular Camboyano de Hun Sen quedó en segundo lugar, seguido por los candidatos del Partido Liberal Democrático Budista. El príncipe Ranariddh y Hun Sen se convirtieron en primer y segundo primer ministro, respectivamente. El Jemer Rojo fue ilegalizado formalmente en 1994 debido a sus violaciones de los Acuerdos de Paz de París.

Se redactó una nueva constitución y el gobierno adoptó la forma de una monarquía constitucional, con Norodom Sihanouk como rey.

Golpe de Estado de 1997

Las tensiones entre el FUNCINPEC de Norodom Ranariddh y el Partido Popular Camboyano de Hun Sen se intensificaron a lo largo de los años. El 5 de julio, la policía militar alineada con el Partido Popular Camboyano rodeó una guarnición del FUNCINPEC e intentó que se rindiera, pero se negó a hacerlo. También rodearon la residencia de un general del FUNCINPEC, pero también fracasó.

Hun Sen, que se encontraba en Vietnam, regresó tras conocer la noticia y repelió los contraataques de la FUNCINPEC. Los combates duraron hasta septiembre de 1997. Hun Sen tomó entonces el poder, y el príncipe Ranariddh se exilió en París. Muchos miembros del FUNCINPEC huyeron del país o fueron fusilados.

En su informe sobre los derechos humanos, Thomas Hammarberg, Representante Especial de las Naciones Unidas para los Derechos Humanos en Camboya, informó de que lo ocurrido era un golpe de Estado. Hammarberg citó que la fórmula de reparto del poder, que había permitido la existencia de dos grandes poderes al mismo tiempo, era uno de los factores de la disputa. Hun Sen alegó que Ranariddh y sus seguidores se habían aliado con las antiguas fuerzas de los jemeres rojos para hacerse con el control total del país. Cabe señalar que Hun Sen utilizó a antiguos soldados del Jemer Rojo en su golpe de Estado.

En 1998, los líderes del FUNCINPEC volvieron a presentarse a las elecciones generales. El FUNCINPEC recibió el 32% de los votos, mientras que el Partido Popular Camboyano obtuvo el 41%. El recién creado Partido Sam Rainsy obtuvo el 13% de los votos. El Partido Popular Camboyano no recibió suficientes votos para formar su propio gobierno, por lo que ofreció formar un gobierno de coalición con el FUNCINPEC y el Partido Sam Rainsy. Sin embargo, ambos se negaron. Estallaron las protestas, pero finalmente se llegó a un acuerdo entre el Partido Popular Camboyano y el FUNCINPEC. Hun Sen sería el primer ministro (no habría un segundo primer ministro), y Norodom Ranariddh sería el presidente de la Asamblea Nacional.

Capítulo 9 - La Camboya del siglo XXI

En 2004, el rey Norodom Sihanouk, agotado por las crisis políticas, especialmente por la de Hun Sen, del Partido Popular Camboyano, enfermó y dimitió. Su hijo mayor, Norodom Sihamoni, le sucedió.

Sihamoni pasó su adolescencia y juventud en Checoslovaquia. Se educó allí, asistiendo a escuelas de artes escénicas en Praga antes de estudiar cine en Corea del Norte. Más tarde se trasladó a Francia, donde enseñó ballet, llegando a ser presidente de la Asociación de Danza Jemer. Durante su estancia en Francia, Sihamoni fue delegado de Camboya en la UNESCO.

Sihamoni sigue siendo el rey a principios de 2021, y su primer ministro es Hun Sen, que fue un antiguo líder de los jemeres rojos hasta que desertó en 1977. Es el primer ministro que más tiempo lleva en el cargo, desde 1985. En 2017, la Asamblea Nacional votó la supresión de los cargos de líder de la minoría y de la mayoría. Kem Sokha, del Partido Nacional de Rescate de Camboya (CNRP), era el líder de la minoría, tras ser nombrado como tal después de una temporada en prisión por negarse a comparecer para ser interrogado. Ese mismo año, Hun acusó a Kem Sokha de colaborar con Estados Unidos para derrocar al gobierno. Un mes después, el Partido de

Rescate Nacional de Camboya, principal oposición al Partido Popular Camboyano, fue prohibido debido a estas acusaciones de traición. Charles Santiago, presidente de Parlamentarios de la ASEAN por los Derechos Humanos, dijo que esta medida era «el último clavo en el ataúd de la democracia camboyana».

Comunas

Las comunas son divisiones administrativas de Camboya. Reciben apoyo del Banco Mundial, que financia las comunas a través de su Fondo Sangkat, que forma parte de su Proyecto de Inversión Rural y Gobernanza Local. Su objetivo es ayudar a reducir el nivel de pobreza de Camboya.

La comuna de Sla, en la provincia de Takeo, situada en el extremo sur de Camboya, ha invertido los fondos en la construcción de canales para regar las tierras. Además de los arrozales, algunas de las tierras se dedican al cultivo de pepinos, caña de azúcar y tomates, que suelen cultivar durante la estación seca. Gracias a los canales, los agricultores pudieron aumentar su producción en un 20%.

La construcción de carreteras también ha contribuido a aumentar la rentabilidad de estas comunas. La comuna de Arak Trout de la provincia de Kampong Cham, en el centro-sur de Camboya, puede transportar sus cosechas al mercado con más eficacia que antes. No solo eso, sino que hay más accesibilidad a las escuelas, templos y centros de salud. El 55% de los aldeanos ha podido incluso permitirse construir casas.

Algunos de los habitantes de las comunas han invertido los fondos en el trabajo de los jóvenes. La comuna de Tboung Kropeu, en la provincia de Kampong Thom, sensibiliza sobre los peligros del consumo de drogas y educa a los jóvenes para que eviten las pandillas callejeras y rurales. Las pandillas son bastante comunes en Camboya, ya que pueden encontrarse incluso en pueblos y ciudades pequeñas. La drogadicción, la prostitución y el juego también son comunes, pero las comunidades de todo el país han tratado de tomar medidas para moderar su influencia.

Petróleo

En el año 2000, Camboya inició la exploración de petróleo en alta mar. Llegaron inversiones masivas, principalmente de la estadounidense Chevron Texaco, que gastó más de 20 millones de dólares en el proyecto. En 2006, Chevron confirmó que había 700 millones de barriles de petróleo disponibles y unos 10 millones de pies cúbicos de gas natural.

En 2004 se descubrieron enormes yacimientos de petróleo dentro de las aguas territoriales de Camboya en el golfo de Tailandia. Sin embargo, la producción se paralizó cuando el gobierno y la empresa no llegaron a un acuerdo de reparto de ingresos. Chevron decidió vender su participación a KrisEnergy, de Singapur, en 2014. KrisEnergy tiene una participación del 95 por ciento en los beneficios de la producción de petróleo, mientras que el gobierno tiene el resto. La perforación petrolífera comenzó a finales de 2020, y se espera que produzca 7.500 barriles al día una vez que se complete la perforación inicial y el resto de los pozos entren en funcionamiento.

Según el Khmer Times, el primer ministro Hun Sen anunció que el Ministerio de Educación utilizará parte de los beneficios de la producción de petróleo en Camboya para la educación, principalmente para la enseñanza digital, así como para el desarrollo y la mejora de las infraestructuras escolares, incluidos los laboratorios y las salas de informática. Sin embargo, otros creen que el dinero procedente de la producción de petróleo solo servirá para aumentar la corrupción en el gobierno de Camboya.

Tribunal de los jemeres rojos: Genocidio y violaciones del derecho internacional

Junto con las Naciones Unidas, el Gobierno Real de Camboya estableció un tribunal nacional, con jueces locales y extranjeros, para juzgar los casos relacionados con el genocidio camboyano y otras violaciones internacionales. Todos los personajes mencionados fueron acusados el mismo día, el 15 de septiembre de 2010, con diversos cargos de crímenes contra la humanidad, crímenes de genocidio y otros similares.

Los acusados

Kang Kek lew era el encargado de dirigir los campos de prisioneros, incluido el mencionado Tuol Sleng, donde interrogaban brutalmente a los prisioneros. Fue condenado a cadena perpetua por violaciones de los derechos humanos en 2010. Kang murió tras cumplir diez años.

Nuon Chea, mano derecha del difunto Pol Pot (este murió en 1998), fue acusado de crímenes contra la humanidad, genocidio y crímenes de guerra. Se le declaró culpable de numerosas violaciones de derechos humanos y fue condenado a cadena perpetua en 2014. En 2018, fue declarado culpable de genocidio contra el pueblo cham y los vietnamitas. Nuon murió en 2019 mientras se encontraba en pleno proceso de apelación del caso de 2018.

Khieu Samphan, que sucedió a Pol Pot al frente de Kampuchea Democrática en 1987, fue declarado culpable de crímenes contra la humanidad en 2014. Al igual que Nuon Chea, también fue declarado culpable del delito de genocidio contra los vietnamitas y los chamanes. Khieu, de 89 años, cumple actualmente una condena de cadena perpetua.

Khieu Samphan en el estrado
*https://upload.wikimedia.org/wikipedia/commons/8/89/
KSAMPHAN3July2009-1.jpg*

Aunque Ieng Sary fue acusado en 2010, murió antes de que el caso pudiera ser llevado a un veredicto. Falleció en 2013 a la edad de ochenta y siete años.

Ieng Thirith, la esposa de Ieng Sary, fue acusada de nada menos que cuarenta crímenes contra la humanidad y veintisiete crímenes de guerra, así como de seis cargos de genocidio. Los hombres mencionados, excluyendo a Kang Kek Iew, fueron acusados de doce crímenes contra la humanidad, seis crímenes de guerra y dos cargos de genocidio. Al parecer, Ieng Thirith colaboró en la planificación e instigación de los crímenes de guerra. En 2011, Ieng fue declarada no apta para ser juzgada debido al Alzheimer, y fue puesta en libertad en 2012. Murió en 2015.

Estos no fueron los únicos en ser acusados en el Tribunal Jemer. Hubo un total de nueve personas, aunque las cuatro restantes fueron acusadas a partir de 2018.

Incautaciones de tierras y protestas

Según los informes, el gobierno camboyano ha incurrido en actos de corrupción, como la venta ilegal de tierras a inversores extranjeros, lo que ha provocado el desalojo forzoso de muchos aldeanos de sus propiedades.

Una activista camboyana de los derechos sobre la tierra, Yorm Bopha, se levantó en protesta, especialmente en lo que respecta al desarrollo de la tierra alrededor del lago Boeung Kak, cerca de Phnom Penh. Afirmó que Shukaku, una empresa propiedad de un senador del Partido Popular de Camboya, llenó gran parte del lago con arena tras obtener un contrato de arrendamiento de noventa y nueve años de la propiedad. Según Amnistía Internacional, 20.000 residentes fueron desplazados por esta acción. A raíz de las protestas de Yorm, el Banco Mundial suspendió la ayuda a Camboya en 2011 hasta que la situación pudiera resolverse.

En 2012, Yorm Bopha fue detenida por cargos supuestamente inventados de agresión a dos taxistas. Fue detenida sin orden judicial, y fue condenada por "violencia intencionada con circunstancias agravantes", a pesar de que las personas que dijeron que "podría ser" la persona confirmaron después que no lo era. Amnistía Internacional indicó que Yorm y su colega, Tim Sakmony, que también fue condenado, fueron «perseguidos únicamente por su trabajo de defensa de los derechos de las personas de sus comunidades que han perdido sus casas por los desalojos forzosos». Fue absuelta en 2013 de estos cargos, pero volvió a ser detenida por los mismos delitos en 2016. Fue condenada a tres años de prisión y a pagar 2.500 dólares estadounidenses (10 millones de rieles).

Urbanización y economía

Naciones Unidas califica a Camboya de país menos desarrollado, lo que significa que cumple los tres criterios de pobreza, debilidad de recursos humanos y vulnerabilidad económica. Fuentes mundiales han afirmado que existe una falta de estrategia por parte del gobierno para mantener un crecimiento económico saludable, lo que ha provocado el crecimiento de la pobreza, la congestión, la delincuencia y la violencia. Se ha informado de que Phnom Penh tiene muchos de los mismos tipos de problemas que afectan a las ciudades superpobladas, como la drogadicción e incluso el tráfico de personas.

La mayor parte de la población urbana vive y trabaja en los alrededores de Phnom Penh, y algunos en ciudades secundarias como Battambang, Siem Reap y Sihanoukville. Las ciudades sufren una rápida urbanización, especialmente en Phnom Penh y Sihanoukville, y los financieros han advertido que este repentino aumento del desarrollo urbano puede provocar una burbuja inmobiliaria. El sobreprecio es habitual debido a la especulación, lo que ha suscitado la preocupación de que se eliminen los recursos limitados. Se ha dicho que esto también ocurrió en el país vecino de Vietnam e incluso en algunas zonas de China.

En Sihanoukville existen varios casinos, que dieron lugar a hoteles, restaurantes y tiendas para turistas. La política de "construir primero, conceder licencias después" ha provocado esta urbanización desigual, que no puede sostenerse con los recursos disponibles.

<u>Zonas Económicas Especiales</u>

Las Zonas Económicas Especiales son áreas especialmente designadas por el gobierno en las que la normativa comercial y empresarial difiere de la normal. En estos territorios se ofrecen incentivos a las empresas, incluidas las extranjeras, que disfrutan de impuestos y gravámenes reducidos, así como de beneficios de valor añadido. La inversión total en las zonas económicas especiales se ha estimado en unos 1.650 millones de dólares. La mayoría de los proyectos fueron, y siguen siendo, financiados y gestionados por China.

Acontecimientos críticos de 2018

Antes de las elecciones de julio de 2018, además de la detención de Kem Sokha, el gobierno camboyano recortó la libertad de los medios de comunicación, tanto offline como online. En 2017, las autoridades cerraron treinta y dos frecuencias de radio FM que emitían programas de noticias independientes, apuntando a las que presentaban *Radio Free Asia* y la *Voz de América*, ambas financiadas por Estados Unidos. Un día después de la detención de Kem, el *Cambodia Daily* se vio obligado a cerrar tras publicar el titular "Descenso a la dictadura absoluta", que se centraba en la detención de Kem. Aunque se ha intentado bloquear la presencia online de *Cambodia Daily*, sigue ganando suscriptores. En mayo de 2018, *The Phnom Penh Post* fue comprado por un empresario malasio vinculado a Hun Sen.

Las elecciones de 2018

Como se mencionó anteriormente, la Asamblea Nacional disolvió el principal partido de la oposición, el Partido de Rescate Nacional de Camboya, en 2017, dejando esencialmente al país con un sistema de partido único. Un gran número de personas pertenecientes a partidos de la oposición huyeron del país para evitar ser arrestados. Aunque esto les permitió mantener su seguridad, también permitió a Hun Sen y al Partido Popular Camboyano asegurarse los 125 escaños de la Asamblea Nacional. Muchos países, como Estados Unidos, Canadá, la Unión Europea, Japón y Australia, han condenado las elecciones, mientras que China, Laos y Tailandia fueron algunos de los que apoyaron los resultados.

Tras el escrutinio de la comunidad internacional, Hun Sen alivió la presión sobre sus oponentes políticos. El rey indultó a catorce miembros del Partido de Rescate Nacional de Camboya, que habían sido encarcelados por "insurrección". Tith Rorn, que era hijo de un activista del CNRP, murió mientras estaba encarcelado. Las autoridades afirmaron que había muerto por una caída, pero el examen de su cuerpo mostró una fractura de cuello y hematomas.

Violaciones de los derechos humanos

En febrero de 2018 se aprobó una ley de lesa majestad, que castiga el insulto al monarca. Esto también se aplica a las publicaciones en Facebook.

El gobierno ha recurrido con frecuencia a leyes represivas "para restringir arbitrariamente las actividades de las organizaciones de derechos humanos y silenciarlas", según Human Rights Watch. Esto incluye enmiendas a la constitución camboyana, una de las cuales exige al gobierno que tome medidas contra los partidos políticos si no «ponen el país y el interés de la nación en primer lugar». Esta declaración, por supuesto, está sujeta a interpretación.

En julio del año siguiente, Human Rights Watch afirmó que dos activistas, Kong Raya (y su familia) y Soung Neak Poan, fueron acusados de incitación a cometer un delito. Kong había participado en una ceremonia de conmemoración del asesinato de un comentarista político, Kem Ley, imprimiendo camisetas en su memoria y vendiéndolas por Internet. Kem Ley era un destacado crítico del gobierno, que fue tiroteado a plena luz del día en 2016. La policía detuvo a Kong y a algunos de sus familiares, obligándoles a firmar una confesión. Soung Neak Poan fue uno de los partidarios que se reunieron en el lugar donde habían disparado a Kem Ley, distribuyendo carteles que pedían el fin de este tipo de asesinatos. A diferencia de Kong, Soung se negó a firmar una confesión.

Además, la organización Human Rights Watch pidió al Alto Comisionado de las Naciones Unidas para los Derechos Humanos que «esbozara las medidas a tomar en relación con sus obligaciones internacionales en materia de derechos humanos en virtud de los Acuerdos de Paz de París firmados en 1991».

Varios países de la Unión Europea han amenazado con eliminar las preferencias comerciales especiales. Una Comisión Europea se desplazó a Camboya para evaluar el cumplimiento de las obligaciones del país en materia de derechos humanos.

Cabe señalar que esta sección solo raspa la superficie de lo que está sucediendo en Camboya en la actualidad.

Reacciones de la ONU e internacionales

Estados Unidos de América respondió a esta oleada de ataques a los derechos humanos suspendiendo 8,3 millones de dólares en programas de ayuda. También impuso restricciones de visado a los funcionarios camboyanos implicados en esas políticas. Además, el Departamento del Tesoro estadounidense impuso sanciones al jefe de la unidad de guardaespaldas de Hun Sen, el Hing Bun Hieng, por dirigir una «entidad implicada en graves abusos contra los derechos humanos».

Suecia, el donante occidental más antiguo de Camboya, suspendió parte de su ayuda al desarrollo, excepto para investigación y educación. La Unión Europea, así como sus estados miembros de Australia y Corea del Sur, además de otros países democráticos de todo el mundo, recortaron la ayuda electoral.

China, un país que no tiene elecciones competitivas, elogió las elecciones de Camboya e incluso envió observadores electorales. Japón, que no aprobó los resultados pero compite con China por la influencia sobre Camboya, proporcionó 7,5 millones de dólares en apoyo electoral, pero no envió observadores electorales. En cuanto a la ayuda, Japón indicó que prometería 168 millones de dólares para 2018.

China, por su parte, envió a Camboya unos 5.300 millones de dólares en acuerdos de inversión y préstamo. China también prometió otros 7.000 millones de dólares para nuevos proyectos. En 2020, se estimó que Camboya tenía una deuda externa de más de 16.600 millones de dólares.

Deforestación

Aunque Camboya tiene el mérito de ser uno de los países con más bosques del mundo que no han sido drásticamente deforestados, la rápida deforestación va en aumento. Es un problema tan grave en

Camboya que existen guardias forestales que patrullan las zonas boscosas. La deforestación tiene muchos efectos, como la erosión de la capa superior del suelo, el aumento de las inundaciones y el cambio climático. En 2020, *The Phnom Penh Post* informó de que había casi 9.000 casos de lo que llaman delitos contra los recursos naturales. Según el artículo, la gente ha estado arrancando árboles de las zonas protegidas para despejar terrenos de propiedad privada ilegal. Las autoridades nacionales han echado parte de la culpa a las autoridades locales, diciendo que estaban en connivencia con los autores.

Sin embargo, indicaron que algunos de estos delitos se producen «porque los comerciantes han venido a comprar madera, y como la gente carece de empleo y debe dinero a los bancos, han recurrido a la tala ilegal».

Gestión de los recursos hídricos

En diciembre de cada año, los camboyanos producen pasta de pescado Prahok, que es un alimento básico en su dieta. El Tonle Sap, de agua dulce, es una gran fuente de pescado. Sin embargo, debido en parte a la deforestación, el nivel del lago ha disminuido notablemente. Según la revista *ASEAN Today*, «las capturas de peces de agua dulce de algunos pescadores con licencia del país han descendido un 31% en comparación con el año pasado». Las capturas anuales de pescado en Camboya tienen un valor aproximado de 600 millones de dólares al año.

En condiciones normales, el Tonle Sap desagua en el río Mekong en la estación seca. Cuando llega la estación de los monzones, el río Mekong retrocede y vuelve a llenar el lago. En 2020, el agua que volvió a fluir hacia el lago se redujo en una cuarta parte respecto a sus niveles medios. Se cree que casi un tercio de los hábitats naturales del Tonle Sap han desaparecido entre 1993 y 2018. El equipo de la Coalición de Acción Pesquera informó de que el nivel había bajado demasiado rápido para que los peces alcanzaran su plena madurez. Uno de los pescadores, Sim Suom, de Siem Reap, dijo: «Los niños de esta comunidad van ahora a trabajar a las fábricas porque no hay peces en el lago».

Existen numerosos factores que influyen en esto, como el cambio climático y la construcción de dos nuevas presas en Laos.

Barco de pesca flotante en el Tonle Sap
Foto: Deror_avi, CC BY-SA 3.0, vía Wikimedia Commons

A principios de 2021, Camboya y su país vecino del norte, Tailandia, han sufrido una grave amenaza ecológica por la decisión de China de retener el río Mekong en la central hidroeléctrica de Jinghong durante aproximadamente un mes. China alegó que redujo el caudal de agua debido al «mantenimiento de las líneas de transmisión de la red eléctrica», según el *South China Morning Post*. John Roberts, de la Fundación del Elefante Asiático del Triángulo de Oro, indicó que Tailandia y los países situados aguas abajo, incluida Camboya, dependen de las inundaciones previsibles para atender sus cosechas y su industria pesquera. Desde el año 2008, añadió, «las inundaciones naturales fueron cruciales para la renovación de los ecosistemas y proporcionaron un hábitat crítico para los peces, las aves acuáticas y la fauna silvestre». El grupo de activistas y la Comisión del Río Mekong informaron de que se están produciendo sequías en el tramo inferior del río. Sin embargo, admitieron que parte de ello se debía al cambio climático.

Brian Eyler, codirector de Mekong Dam Monitor, un proyecto financiado en parte por el Departamento de Estado de EE. UU., advirtió que la retención de China de esta agua aguas arriba se produjo sin suficiente advertencia o transparencia. «Nadie tuvo tiempo de prepararse para que el río descendiera casi un metro de la noche a la mañana. China tiene que notificar con mucha más antelación y tener más en cuenta las necesidades aguas abajo y demostrar un mayor nivel de responsabilidad en la región», dijo Eyler.

Según el Banco Mundial, ha habido algunos éxitos recientes en el mantenimiento del suministro de agua potable en Phnom Penh. Allí hay cuatro plantas de tratamiento de agua y un sistema de distribución envidiable. Los críticos, sin embargo, han señalado el hecho de que esto no se ha hecho en ciudades de tamaño moderado.

En algunas ciudades, como Sihanoukville, el desarrollo urbano es desigual. Algunas construcciones de rascacielos han sido demasiado rápidas, lo que ha puesto a prueba el suministro de agua. Además, han surgido quejas cuando se ha cortado el agua en varias fases de la construcción de estos proyectos.

Protección contra inundaciones, drenaje y gestión de residuos

También se ha producido el problema contrario, ya que Camboya está sujeta a un ciclo de monzones y periodos de sequía. Las zonas que rodean a Phnom Penh y Battambang, situadas a orillas del Tonle Sap, son vulnerables a las inundaciones durante la temporada de lluvias. En ocasiones, se han producido monzones y tifones más graves. Sihanoukville se ve afectada negativamente por la subida del nivel del mar, y su falta de drenaje adecuado se ve agravada por una gestión inadecuada de los residuos sólidos. Solo el 44% de la población de las zonas urbanas está conectada a un sistema de alcantarillado. El resto de la población utiliza fosas sépticas, pero el mantenimiento de las mismas depende de los propietarios individuales. En Phnom Penh, la capacidad del vertedero es limitada, y las proyecciones sobre las necesidades de la población han resultado ser incorrectas, ya que alcanzó su capacidad en 2020. El Gobierno Real de Camboya ha admitido que tiene dificultades en el ámbito de la gestión de residuos y ha pedido una Ley de Gestión de Aguas Residuales para resolver este problema.

Algunos de los servicios de gestión de residuos sólidos se han subcontratado a empresas privadas, pero estas han indicado que los residuos sólidos se depositan indebidamente en las carreteras y espacios públicos, especialmente en Siem Reap. El gobierno no compensa a esas empresas por las pérdidas que suponen sus esfuerzos de limpieza y, desgraciadamente, algunas siguen sin hacerse.

Exportaciones

En 2020, Camboya exportó 4.000 millones de dólares en productos agrícolas. Estas exportaciones incluyen el arroz blanqueado y con cáscara, mangos, anacardos, caucho, plátanos y Pailin longan. El Pailin longan es una fruta muy dulce, pequeña y de color beige. A cambio, Camboya importa de Estados Unidos vehículos, maquinaria y piensos.

El *Khmer Times* informa de que Camboya exportó 526 millones de dólares en bienes a Estados Unidos en 2020, lo que supuso un aumento del 32% respecto al año anterior. Las mercancías se exportan de acuerdo con el Sistema Generalizado de Preferencias, un acuerdo comercial bilateral entre los dos países.

Conclusión

Camboya sigue siendo un país en crisis. A lo largo de los siglos, su suelo ha sido pisoteado por extranjeros que han hecho de Camboya un campo de batalla. En el transcurso de los años, Camboya ha tendido la mano a otros países, como Francia, Vietnam, China y Estados Unidos, para formar alianzas mutuamente satisfactorias, solo para ser traicionada o abandonada con el tiempo. Es un país asediado por las promesas incumplidas, pero todavía se le critica a menudo porque los camboyanos han encontrado soluciones políticas o ideológicas en filosofías menos populares y antiguas. A menudo, a Camboya se le ha prometido protección a cambio de su mano de obra y sus bienes solo para incurrir en la explotación. Incluso sus propios líderes lo han hecho. Gran parte de su valioso pasado ha quedado oculto debido a la negligencia de otros o de sus propios jefes de Estado.

Los camboyanos han sufrido realmente mucho, incluso en los últimos años. El régimen genocida de los jemeres rojos ha dejado una huella trágica e indeleble en el pueblo. Al haber sido un campo de batalla durante muchas décadas, el cambio climático y la perenne batalla del país con los monzones y las estaciones secas suponen graves amenazas humanitarias que no están preparados para afrontar. El sistema de gestión del agua creado por sus antiguos reyes está muy deteriorado, pero, con ayuda extranjera, está en proceso de rehabilitación. Esto ha permitido aumentar el turismo en su país y en los lugares religiosos, ya que Camboya es realmente un país hermoso que merece la pena explorar.

Sin embargo, los propios camboyanos están empeñados en sobrevivir. Los analistas han descrito a Camboya como un «estado vagamente comunista de libre mercado con una coalición relativamente autoritaria que gobierna una democracia superficial». Además, se afirma que Camboya es una de las naciones más corruptas de Asia. Tiene una economía de bajos ingresos, con dos millones de personas viviendo en la pobreza, y es probable que esta cifra aumente debido a la pandemia de COVID. Solo el tiempo dirá si los camboyanos son capaces de revitalizar su economía y adoptar ideales más democráticos.

Vea más libros escritos por Captivating History

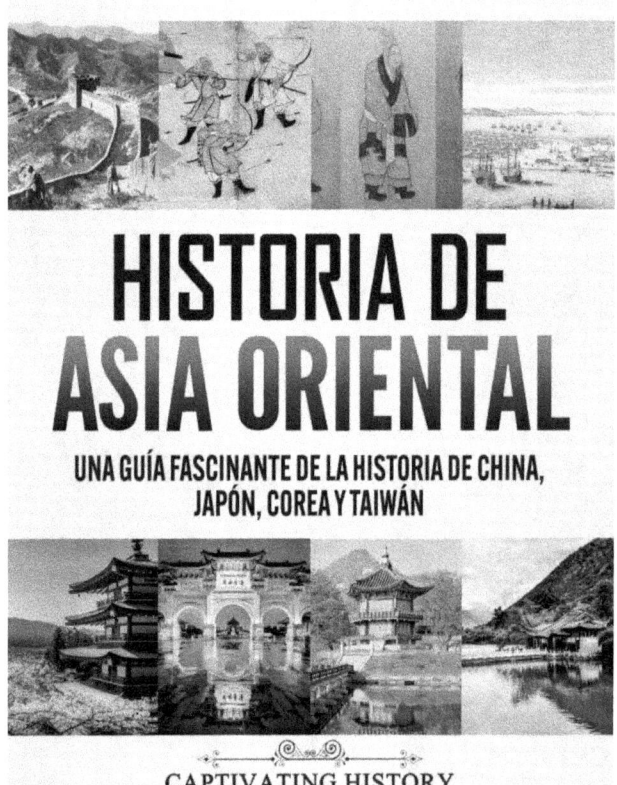

Bibliografía

"Angkor Dynasty". Extraído de http://www7.plala.or.jp/seareview/newpage2Chapter4Angkor.html.

"Assassination of Resident General Bardez".

"ASEAN at the Crossroads". Extraído de https://www.phnompenhpost.com/opinion/asean-crossroads-nam-has-no-alternative.

Cady, J. (1966). *Thailand, Burma, Laos and Cambodia*. New Jersey Press

Cady, J. (1964). Southeast Asia: Its Historical Development.

"Cambodia: Achieving the Potential of Urbanization, August 2018". Extraído de http://documents1.worldbank.org/curated/en/580101540583913800/pdf/127247-REVISED-CambodiaUrbanizationReportEnfinal.pdf.

"Cambodia". Extraído de http://countrystudies.us/cambodia/6.htm.

"Cambodian Election: Ruling Party Claims Landslide in Vote with No Main Opposition". Extraído de https://www.bbc.com/news/world-asia-44999358.

Chandler, D. (2009). *A History of Cambodia (4ᵗʰ ed.)*. Westview Press.

Coedes, G. (1966). *The Making of Southeast Asia*. New York.

Harrison, B. (1960). Southeast Asia: A Short History. London

Karakia, Z. (1973). Failure through Neglect.

"Khmer Empire: The Ancient History Encyclopedia". Extraído de https://www.ancient.eu/Khmer_Empire/.

Kiernan, B. (2008). Blood and Soil: Modern-Day Genocide 1500-2000.

"The Legend of Preah Ko and Preah Keo". Extraído de http://arcmthailand.com/documents/documentcenter/THE%20LEGEND%20OF%20PREAH%20KO%20PREAH%20KEO%20AND%20ITS%20INFLUENCE%20ON.pdf.

"Ministry Revises Safe Village Policy". Extraído de https://opendevelopmentcambodia.net/news/ministry-revises-safe-village-commune-policy/#!/story=post-146295.

Stark, M.; Griffin, P.; Phourn, C; Ledgewood, J, et. al. (1999) "Results of the 1995-1996 Archeological Field Investigations at Angkor Borei Asian Perspectives. #38".

"The World Bank Empowering Cambodian Communes". Extraído de https://www.worldbank.org/en/news/feature/2011/04/12/empowering-cambodian-communes.

Tarling, N. (1999). The Cambridge History of Southeast Asia.

Vickery, M. (2000). *Cambodia 1975-1982*. Silkworm Books.

www.ingramcontent.com/pod-product-compliance
Lightning Source LLC
LaVergne TN
LVHW011841060526
838200LV00054B/4128